歴史文化ライブラリー

3

中世の災害予兆

あの世からのメッセージ

笹本正治

吉川弘文館

目次

1

大震災と本書の視点

大震災の日

平成七年（一九九五）一月十七日、あの阪神・淡路大震災の起きた日の早朝、私はたまたま東京のホテルに宿泊していたが、なぜか前日うまく寝つくことができず、その上に早くから目が覚めたため、六時頃にもうろうとした頭でテレビのスイッチを入れた。そこに飛び込んできたのは、後にマグニチュード七・二と推定された大震災の発生であった。その頃、まだ深刻な状況を伝える映像は流れていなかったが、時間の経過とともに被害の深刻さが映し出されるようになった。はじめは死者などの情報も少なくて、規模の大きさからすれば不幸中の幸いかと思っていたが、災禍は大きくなる一方で、それからずっとテレビに釘付けになった。この災害は最終的に死者六三〇〇人を超す未曾有の大震災となった。

東京のホテルで、しかもいつもは物音でもしない限り早く起きることなどせず、早朝からテレビのスイッチを入れることもないのに、この日に限りなぜかこのような動きを取って、そこに飛び込んできたニュースがこの内容だった。震災の現場で地獄に遭遇した人とは比べようもないが、現実の阪神・淡路大震災の規模の大きさと悲惨さによって、この日は私の人生にも深く印象が刻まれた。

私と災害史

私にとって阪神・淡路大震災の一報が衝撃だった原因の一つに、その前の月に『蛇抜・異人・木霊―歴史災害と伝承―』（岩田書院、一九九四年）を出版したことがあった。この本は長野県の木曾谷で「蛇抜《じゃぬけ》」と呼ばれる土石流災害を扱い、人々が災害の背後に何を感じたかを論じたものであったが、その「おわりに」の冒頭に、

私たちの日常生活は、災害と紙一重のところで成り立っている。自然災害は災害の代表的なものであるが、近代化の進展と共に、洪水などの災害は防げるのが当たり前で、大きな災害が起きることは、異常な事態だと考えがちになってきている。しかしながら、例年繰り返される台風、津波や地震、火山の噴火、それに冷害による農業の被害などは、人間が自然に完全に打ち克つのは不可能であることを示している。我々

はさまざまな面で、災害がいつ起きてもおかしくないという認識を、もう一度持つことが必要である。

と書いたばかりだったからである。

自分で災害がいつ起きてもおかしくないという認識を、もう一度持つことが必要であると書きながら、私の中にも本当はそうした自覚がなかったのではないかというのが実感だった。

同時に私はこの本に、「自然災害の場合、一度起きた災害と同じ条件が揃えば、再び同じ災害が引き起こされる可能性が高い。木曾谷における蛇抜もその例で、蛇抜は必ず起こると想定して生活することが望ましい。津波などの災害も、自然条件から起きやすい場所、被害が大きくなる場所は確認できるであろうから、日常的な対応が必要なのである」などとも書いたが、自分が歴史学を専攻する者として、本当に主張をわかってもらえる努力をしたのかという悔いもあった。実際この本は、ほとんど取り上げられることもない無力な本であった。

ところで、私が『蛇抜・異人・木霊』を書いた契機は、一九九〇年から三年間にわたって東北大学工学部教授の首藤伸夫氏をキャップにしてなされた、科学研究費の重点領域研究「災害多発地帯の『災害文化』に関する研究」に参加したことにあった。これをきっかけに、一九九一年四月から三年間京都大学防災研究所に客員助教授として通ったが、それも終わったので、この間の成果をまとめることにしたのである。私はこれまで主として戦国大名武田氏、鋳物師《いもじ》などの職人史、それに音や場の研究をして来たので、この本をまとめあげたら、災害史の研究を止めて、もう一度こちらの方面に帰ろうと考えていた。

しかしながら阪神・淡路大震災は、改めて災害史の重要さを認識させた。非力な私があえて本書のような形で、災害に関連した著述をまとめようとするのも、歴史学を学ぶ者として、何らかの形で災害と向き合うべきだと思い直したからである。

大震災と予兆

阪神・淡路大震災の直後から、この地震に関係してさまざまな研究がなされた。その中で私が興味を抱いていたのは、佃為成『大地震の前兆と予知』（朝日新聞社、一九九五年）など、地震の前兆を扱った著作であった。地震の前兆現象は新聞などでも取り上げられ、われわれの日常生活でも話題になった。

前兆としては、地震雲や特別な光があったといった天空の異常にかかわるもの、時ならぬ蛇を見たとか犬や小鳥が普段と違う鳴き方をしたといった動物の異常にかかわるもの、地下水の色や出水量が変わったとか地鳴りを聞いたといった大地の異常にかかわるもの、その他さまざまであった。中には、神主さんの血を引く大学教官がいて、その人は何か事件などが起きる前に寒けがするなどといっていたが、阪神・淡路大震災の時にも三日前から寝込んでいたなどというのもあった。もし事実なら、私があの日に限って早く起きたのも何か意味があるのかなどとも考えたくなる。たまたまテレビを見ていたら、被災者の中にもなぜかこの日はいつもより早く起きたという人がいた。胸騒ぎという言葉があるが、これも予感・予兆の一つかもしれない。

ともかく、災害の前兆がある程度の確実性を伴うものならば、それを集積し次の災害に備えることは、重要な課題である。確実な予兆が存在するならば、それを知ることは防災の第一歩ともなるからである。その場合、過去に起きた災害の前兆などを記録や古文書の中から確認する仕事は、歴史学が防災に協力できる分野の一つでもある。本書を手にした方を含めて、多くの方が期待するのはこの点だろう。

本書の目的

しかしながら、本書は過去の前兆現象を確認し、直接防災に役立てようとするものではない。私が歴史に興味を抱くのは、過去に生きた人々の社会のありさまや人々の考え方を通して、自分自身を確認したいからである。

地震の原因やメカニズムについては、地震学者などその分野の専門家がいる。災害時の人々の心理については社会心理学者などに任せればいい。そうした中で、歴史学は過去の災害のありさまの復元などができ、その成果を通して今後の対応を探ることも可能で、これが災害史の一つとなる。

一方、私は災害と歴史というと想起されがちな、過去にいかなる災害が起き、どのような被害があったかと事細かに調べ、再現するだけが災害に関係する歴史学ではないと考える。災害という特別な事件の前後に、人々が災害をどのように意識し、いかに対応したかを検討することによって、その社会の特性や人と人の結びつきを確認したり、災害を契機に社会がいかに変化したかを知ることも大事だろう。換言するなら、災害への対応から時代の特徴を抽出することも災害史である。

われわれはややもすると、同じ日本人だからと古代人や中世人も現代人と同じ考えを抱き、行動すると錯覚しがちである。事実テレビなどでは歴史上の人物を現代風にアレンジして、戦国大名を現代サラリーマンの視点で解釈しようとする番組がある。けれども、人々の意識・心性は時代によって異なるものであり、歴史的な社会心理の中に人物も位置付けなくてはならない。各時代における社会全体の雰囲気や意識は、その時代に生きた人々にとって当たり前のことだけに、特別な出来ごとでもないと、表われてこない。日常生活はそれが崩れた時に確認されるのである。災害は日常生活を破壊するが故に、それを見せてくれる。災害を扱う私の意図はここにある。

災害はいつの時代にも起こりうるものだけに、防災には常に注意が払われていた。その一環として、災害などの前兆・予兆にも気が配られていたはずである。そこで、本書では中世の人々が災害をいかにして予知しようとしていたかを、大まかなスケッチとしてまとめてみたい。これは、中世人の世界観へアプローチしたいとの意図による。したがって、一口に中世といっても時期によって災害への意識は微妙に異なるであろうが、大枠をまとめあげるために細部にはこだわらない。

なお、本書では厳密に時代区分論をして中世の語を用いているわけではなく、だいたい十二世紀から十六世紀ぐらいまでを漠然と中世として扱う。また、災害とは天災、火災、事故など思いがけずに受ける災いなので、範囲を広くとって自然災害のみならず戦争などの人為的な災いまで含めることにした。

天の知らせ

星の動き

戦乱と星

古今東西、人間社会の未来を指し示す指標として用いられたのは、夜空にかがやく星であった。占星術は各地で発達し、現代人もこれをさまざまな場面で意識している。そこで中世人の災害予兆としても、最初に星を取り上げよう。

中世の文学を代表する『太平記』（応安《おうあん》年間〔一三六八〜七五〕成立とされる南北朝時代の軍記物語）には、次のような場面が描かれている。

元弘《げんこう》二年（一三三二）のある夜、北条高時が酒を飲んだところ、突然どこからともなくやって来た田楽《でんがく》どもが、「天王寺（四天王寺、大阪市天王寺区）のやうれぼし（妖霊星）を見ばや」とはやした。彼らは嘴《くちばし》が曲がって鳶《とび》のごとくになっていたり、身に翼があって、その形が山伏のような者もあった。異類異形《いるいいぎょう》の化け物どもが人に姿を変えたのであった。灯火を掲げさせて遊宴の座席を見ると、天狗《てんぐ》が集まったようで、踏み汚した畳の上に禽獣《きんじゅう》の足跡が多かった。後日、藤原仲範《なかのり》は「天下がまさに乱れようとする時、妖霊星《ようれぼし》が下って災いをなすという。しかも天王寺は仏法最初の霊地で、聖徳太子が自ら日本全国の未来記を書き留めた場所である。だから化け物どもが天王寺の妖霊星と歌ったのは怪しい。何か天王寺の辺から天下に動乱ができて、国家が滅亡してしまうと思われる。国主が徳を治め、武家が仁を施して災いを消す謀《はかりごと》をするのが良いだろう」と言った。

この場面は、翌年自刃する執権北条高時の前に異類異形の者を登場させ、北条氏滅亡を暗示し、その象徴として藤原仲範に、「天下がまさに乱れようとする時、妖霊星（あやしい星）が下ってくる」と述べさせている。見方を変えるならば、この当時の人々には怪しい星の出現が、天下が乱れようとする（これも一種の災害といえよう）予兆になっていたことになる。こうした社会の共感があるが故に、この叙述は多くの人の胸を打ったのであろう。このように中世の人々にとって、星はこの世の未来を示してくれ、人間がさまざまな予知をするもっとも大事な素材だと考えられていた。

ちなみに、災いを取り除くためには、国主が徳を治め、武家が仁を施して災いを消す謀《はかりごと》をすべきだとの発想法は、この時代の統治意識として注目される。

『太平記』でも明らかなように、妖霊星はいつもは見えない特別な星である。日常的には見えないで時折出現する星、いわば妖霊星の代表に彗星《すいせい》（ほうき星）がある。

彗星の出現

九条兼実《くじょうかねざね》（一一四九〜一二〇七、鎌倉初期の公卿《くぎょう》。摂政・関白）の日記である『玉葉《ぎょくよう》』には、治承《じしょう》二年（一一七八）正月十八日に陰陽大允《おんみょうのだいじょう》（陰陽寮の判官。陰陽寮は律令制で中務省に属した役所。天文を観測して暦を作り、異状があれば吉凶を占って報告することを司った）の安倍泰茂《あべのやすしげ》がやって来て、「去る七日に彗星が見えた。この彗星は去年十二月二十四日にも見えた」などと話し、「彗星は第一の変である。去年熒惑《けいわく》（火星。光度の変化や逆行がはなはだしいので、その大接近は災いの前兆と考えられていた）が太微《たいび》（星垣の名。獅子座の西端付近の十星に当たる）に入った。今年は彗星が見える。乱代の至りであることは、これをもって察すべきだ」などといった、と記載されている。

このように、中世前期において彗星は、社会の変化を知らせる最も重大な天の信号として理解された。同時に火星の位置がどこかも注目されていたのである。

一気に時代を下ってみよう。甘露寺親長《かんろじちかなが》（一四二四〜一五〇〇、室町時代の公卿、権大納言）の日記である『親長卿記《ちかながきょうき》』によると、文明《ぶんめい》三年（一四七一）十二月四日の暁に彗星が現われた。翌五日、右衛門督《うえもんのかみ》季春《すえはる》がやって来て親長と歓談したが、その時彗星出現が話題に上り、これに関係して公武のお祈りを賀茂下社（賀茂御祖《かものみおや》神社、京都市左京区下鴨）・上社（賀茂別雷《かもわけいかずち》神社、京都市上京区上賀茂）に下知するように、と新大納言が命令したという。親長は「乱中に彗星が度々出現、驚くべし、驚くべし」と記している。こうした星の異変があると、朝廷や幕府はその星の意味を占わせるのが通例で、十二月六日に陰陽《おんみょう》頭《のかみ》（陰陽寮の長官）兼天文博士（陰陽寮に属して、天文の観測と天文生の教授にあたる職）の安倍泰清《やすきよ》が、次のように意見をまとめて差し出した。

今月三日の子刻《ねのこく》（深夜零時）、東方に彗星が太微の第三星を貫いているのが見えた。彗星が引いている尾の長さは三尺（約九〇《チ》《セン》）で、色は白だった。『天文要録』（中国唐代の天文書。多数の先行する天文書・緯書《いしょ》を採録しながらその占いをまとめてあり、占いの典拠として利用された）を調べてみると、「彗星は悪気の生ずる所、天地の旗なり。五星精を散らし彗当となる。内乱により王政が代わる」、「人主（君主）の慎み」などとあった。また、『荊州占』によれば、「彗星が太微星を貫くと、大兵があり、天下に大赦がある」、「彗星が見えると、必ず兵《いくさ》が大いに起こる。国に乱が連なり、また大喪《たいそう》（天皇の葬儀）がある」、

「彗星の落ちるを見れば軍が破れる。天下に流血があり、死人は乱れた麻のごとくになり、泣き叫ぶ声が野に遍《あまね》く満ちる。臣が君を殺し、子が父を殺し、万民は乱に悩む。干戈《かんか》（戦争）が並んで起こり、四方から夷敵《いてき》がやって来て侵す。また国は干害になる」、「彗星が出るは、旧を除き新を布《し》く象《きざし》である」などとある。つまり、この彗星は兵乱の兆しとされたのである。

六日に彗星のお祈りのことが、賀茂両社に触れられ、明日より行を始めよとの命令がなされた。

このように朝廷には星などの動きを専門に考える役職があり、変異が見られるたびごとに諮問に応えた。その報告に従って朝廷は、災いを取り除くための祈禱を命じていたのである。

客　星

常には見えないで、一時的に見える星を客星《かくせい》と呼ぶ。この中には彗星や新星（それまで暗かった星が数日の間に数万倍の明るさになり、その後緩やかに元に戻るもの）が含まれていた。この星の出現も何かの兆しと考えられた。

治承五年（一一八一）七月六日に九条兼実のもとへ安倍泰親《やすちか》がやって来て、「天変（天空に起こる異変）などからして、暴兵、移国（国を盗み奪う）、大喪等はどうにもならないことだ」などと語った。七日に後白河法皇が法勝寺《ほっしょうじ》（現在京都市左京区岡崎に遺跡がある廃寺）に行幸《ぎょうこう》（天皇が外出すること）しようとしたが、このところ世間が静かでなく、天変がしきりに起きている上に、客星が出ているからと中止した。この日、外記大夫《げきのたいふ》師景《もろかげ》は内々に客星の勘文《かんもん》（朝廷や幕府の諮問に答えて、先例・日時・方角・吉凶などを調べて上申した意見書）などを注進した。客星の出現は法皇の行幸をも止めさせるほど悪い事件の前兆と考えられたのである。

『太平記』によれば、貞和《じょうわ》五年（一三四九）正月頃から犯星（急に出現して他の星宿を犯す星）や客星が暇なく現われた。このため方々の慎みは軽くなかった。王位の憂い、天下の変、兵乱、疫癘《えきれい》（悪性の流行病）などがあるだろうと、陰陽寮がしきりに密奏した。また、康安《こうあん》二年（一三六二）二月には、彗星と客星が同時に出たため、天文の博士たちが内《だい》裏《り》へ召し出されて吉凶を占った。彼らは「客星は用明天皇の御宇《ぎょう》（五八五～五八七年）に物部守屋が仏法を滅ぼそうとした時に初めて見えてから、今に至るまで十四回出たが、そのうち二度は祥瑞《しょうずい》（縁起の良い前兆）で、十二度は大凶であった。彗星は皇極天皇の御宇（六四二～六四五年）に蘇我蝦夷《えみし》の子、蘇我入鹿《いるか》が乱を起こして、中大兄皇子《なかのおおえのおうじ》（天智天皇）ならびに中臣鎌足《なかとみのかまたり》と合戦をした時（六四五年）、初めてこの星が出現してから、今に至るまで八十六回出ているが、一度もいまだ災難がなかったことはない。もっとも天下のお慎みが大事である」と上申した。

伏見宮貞成親王《ふしみのみやさだふさ》の日記である『看聞日記《かんもんにっき》』によると、応永《おうえい》三十年（一四二三）十月一日の以前から客星が東西に出現し、その二つの星が寄り合って絡み合い、地面に落ちた。このことを陰陽師《おんみようじ》（天文暦数を算定すると同時に卜筮《ぼくぜい》や吉凶を占う呪術師）が占うと、吉事と出た。これは西の星が京都、東の星が関東を示し、東の星が地に落ちて、西の星は天に上がったのだから、朝廷にとって吉事と判断したらしい。親王も「関東の反逆がいまだ落ち着かないのに西の星が勝ったことは、誠に吉事である」と記している。

このように、客星も基本的に災いを示す予兆とされていた。常に見られない星が凶事の象徴とされていたとするなら、流星はどうであろうか。

流星

鎌倉幕府の事績を記した『吾妻鏡《あずまかがみ》』によれば、建久《けんきゆう》三年（一一九二）四月二十九日に大流星が飛行した。天文博士に諮問したところ、「吉凶は定め難い」と上申してきた。幕府は流星が何か意味を持つと判断し、天文博士に尋ねたわけで、流星も何か未来を暗示していたのである。

寛正《かんしょう》六年（一四六五）九月十三日の亥刻《いのこく》（午後十時頃）に流星があった。それは五石《こく》（約九〇二リットル）の器のように大きく、長さが十余丈（約三〇メートル余り）もあり、烈火のごとくの明るさで天地を照らし、東北に流れた。その声は数百里を震わせ、残気が白雲のようだったが、たちまちにして散った。この流星は諸国で同様に見られた。在貞《ありさだ》と在盛《ありもり》が進じた勘文によると、「疫病と飢饉、兵革（戦争）などで人民は流散し、血を流し、骨を積む。もっとも悪い兆しで、この星を天狗流星という」とのことであった。この流星は大変な災害の前兆として意識されたのである。

星の位置

火星が空のどこにあるかは、災害を示す羅針盤とされたが、これ以外の星の位置も問題にされた。

安元《あんげん》二年（一一七六）十月二十四日に安倍泰親が九条兼実のもとにやって来て、天変の事などを示し、「去る八月に太白《たいはく》（金星）が右執法星を犯したので、右大臣がお慎みにならなくてはいけない。その後、三公（太政大臣・左大臣・右大臣）が慎むのがよろしい。このところ天の変異が連綿として絶えない。火星が太微の中に入って、今もなお留まっている。今暁雨が降ったので変化があったかと天をうかがったが、まだ右執法星を犯していた。このようなことがすでに何度も重なっている。こうした重変では、普通だったら変化をもたらす甚だしい雨でも、悪い兆しを消すことができない。早く災いを払いのける法を修すべきである。それには火星祭がよいであろう。およそ八月以来、天変が十余度もあった。その意味するところでは、公家の慎み、大臣の慎み、兵革の三つが特に大きい。熒惑（火星）が太微に入る天変は、彗星の外ではもっとも深刻である。中でもそれが数日間もその場所に留まっているのは重大である」などと言った。星の位置がどこにあるか常に注目され、それが未来を示す指針とされていたことが知られる。

元仁《げんにん》二年（一二二五）三月二十四日、「近日に太白（金星）が天を経る変異があった」と司天（天文博士の唐名）などが鎌倉幕府に申し出たので、お祈りが行われた。星の位置が観測され、星の座によっては災いが来ると考えられていた。その災いを避けるための祈禱が行われたのである。

寛喜《かんぎ》二年（一二三〇）二月二十一日に太白（金星）に変があったとして、幕府の命令によって二十三日にお祈りなどが行われた。その後、三月五日にも天変による御所のお祈りとして御修法《みしほ》（国家または貴人が僧を呼んで密教の修法を行う法会）三壇が始められた。

『太平記』によれば、元弘《げんこう》三年（一三三三）、京都における数度の合戦に官軍は毎度負け、八幡・山崎の陣も小勢になった。天皇は天下の安危がいかになるだろうと心を悩まされ、船上山《せんじょう》（鳥取県東伯郡赤碕町）の皇居に祭壇を建て、自ら金輪の法を行った。その七日目にあたる夜に、日天子・月天子・明星天子（日・月・星）が光を並べて壇上に現われたので、願はたちまちに成就すると頼もしく思われた。この場合も星の位置によって、未来を知ろうという意識があったといえる。

惑星の接近

惑星が星宿中の特定の星に接近することがあり、程度によって「犯」「合」などと区別された。これもまた天変として注意された。

貞応《じょうおう》三年（一二二四）七月六日の暁、太白（金星）が井中（二十八宿の一つで、南方の第一宿）に入った。戌刻《いぬのこく》（午後八時頃）には月が火星を犯した。九日の戌刻、月が心（二十八宿の一つで、東方の第五宿。蠍《さそり》座のアンタレスほか二星を指す）の中央星を犯したと鎌倉幕府に報告があった。十一日に連夜の天変によって国土安全を祈るため、三万六千神祭が行われ、十三日にもさまざまな祈禱が行われた。

寛喜四年（一二三二）二月八日、戌刻に月が天関を犯し、太白が婁星《ろうせい》（牡羊座の頭の部分の三星）を犯した。天文道が驚いて、これは希代《きたい》（世にもまれなこと）の重変だと上申した。その後、三月十三日に天変のお祈りなどが行われた。

醍醐寺《だいごじ》（京都市伏見区醍醐伽藍町にある真言宗の寺）を統括する首席の僧職（座主《ざす》）にあ

った満済の日記である『満済准后日記《まんさいじゅごうにっき》』によれば、応永二十六年（一四一九）九月二十日に、太白と熒惑星の二つの星が合する変異があった。そこで二十六日にお祈りを、来月十月四日から行うようにと方々へ申し遣わした。

応永三十年（一四二三）六月二十九日に金星と木星の二つの星が合した。占いによれば、これは白衣会《びゃくええ》（礼に背くこと）・兵乱などの前兆であった。これに対応するため三十七日間のお祈りが行われ、七月二十三日に満願結縁《けちえん》となった。

永享《えいきょう》五年（一四三三）四月十七日、金星と木星が合したので占うと不快と出た。また十九日の寅刻《とらのこく》（午前四時頃）熒惑が南斗第五星を犯し、占いによると兵革、白衣会、飢饉などの不快と出た。四月二十三日には天変と地妖《ちよう》（地上に起こる怪しい異変）のお祈りを従来通り行うよう方々に触れた。二十五日には天変地妖のお祈りを二十八日より始めよと命令があり、醍醐寺の僧侶にも祈念するようにと連絡があった。

嘉吉《かきつ》三年（一四四三）八月十日、八幡社で起きた怪異（現実にはあり得ないような不思議な事実）や二星が合する等のことについて、神祇官《じんぎかん》において御占があった。その結果、「これは炎旱、火事、病事、兵革等を示している。来たる冬にはことにお慎みが必要だ」とのことであった。室町殿には妖物（妖怪）があり、七尺（約二一〇チセン）ばかりの女房、大入道等が御所の中を徘徊した。星が二つ合したり八幡社の怪異などのお祈りのために、翌日の夜より禁裏で御修法が始められた。

月と太陽

夜の空に輝く代表は月であり、この月と星の位置関係や犯も災害の予兆とされた。

月と星

元暦《げんりやく》二年（一一八五）二月十三日に九条兼実《くじようかねざね》のもとに泰茂《やすもち》が来て、「一昨日に天変があり、月が太微屏星を犯した。去年正月にも同じことがあったが、その時には摂政が自ら辞められた。占文《うらふみ》（占い定めたことを記した文書）によれば、輔臣《ほしん》（天子を補佐する臣）に災いがあり。また罷免される」などと話した。またこの年の七月二十六日にも同人がやって来て、「天変があり、月が熒惑《けいわく》を犯した」などと言った。この時の占い結果は、「戦場の中、大将軍戦死なり」であった。

文治《ぶんじ》三年（一一八七）五月十二日に定長《さだなが》が、院からの「昨日大事変があったと司天《してん》などが申しているが、お祈りをした方が良いだろうか」との質問を、九条兼実に伝えた。その後に資元《すけもと》が来て、「昨日月が心大星を犯した。これはもっとも重い変である。三ケ日を過ぎてから奏聞すべきであるが、大事なことなので内々に言上する」と述べた。翌十三日に広基《ひろもと》・資基《すけもと》等が兼実に、「昨日雨が降り、変が消えた」と伝えた。この変は天子のお慎みと院のお慎みを示していたが、たちまちに消えたので、兼実は「悦ぶべし、悦ぶべし」と日記に記した。

月の光

月は位置が問題になるだけではなかった。その色や周囲の状況にも注意が払われた。

文治三年（一一八七）三月十六、十七日と、月の色が赤く蝕《しょく》のようだった。また十四日には雹《ひょう》が降った。この異変はともに兵革の兆しと判断された。月の色が赤く見え、雹が降ったのが問題になったのである。

文亀《ぶんき》元年（一五〇一）七月二十七、八日の両夜、月に暈《かさ》が三輪も見えた。このような変は近年なかった。占文によれば、「お慎み、火災、兵革の兆し」だという。

現在でも月の周囲にかかる暈が民間の天候の予測などに用いられるが、これが異変を伝えていると理解されていたのである。

月　蝕

月の異常の中でも特別なものは月蝕《げっしょく》である。中世には、月蝕に際して御所を薦《むしろ》で裹《つつ》むことになっていた。承久《じょうきゅう》三年（一二二一）に完成したとされる有職故実《ゆうそくこじつ》の書『禁秘抄《きんぴしょう》』に、天子は日蝕や月蝕の光に当たってはならないので、御殿を薦で裹むとある。また護持僧《ごじそう》（祈禱を行う僧の職。清涼殿の二間に侍して、天皇の身体護持のために祈禱を行った）などが御修法《みしほ》をなし、御殿においても読経がなされた。また雨が降れば読経が結願してまわりの薦をはずした。天皇は日本のすべての秩序の中心にいたので、異常な光などを浴びさせないため御所を裹んだのである。視点を変えるなら、月蝕も社会に良くないことが起こる前兆であり、その光は妖光なので、天子がひたすらこもり慎んで、災害などを避けたのである。

寿永《じゆえい》元年（一一八二）十一月十四日は月蝕だった。寅刻《とらのこく》（午前四時頃）に欠け始め、未明の辰刻《たつのこく》（午前八時）に復した。各々が慎むようにと、連絡して来たので、大将方では智詮《ちせん》が三人の僧を率いて一字金輪念誦を、同じく女房方では僧都の弟子三人を請い如意輪念誦を修した。また大将の祈りには、経円阿闍梨《きようえんあじやり》が八字文殊供を修させた。余の方では、実厳《じつごん》阿闍梨が十三人の弟子を率いて一字金輪念誦を修した。このように、月蝕でも天文方の判断が求められ、その判断を前提にしてさまざまな修法がなされたのである。

寿永二年（一一八三）五月十六日の夜には皆既《かいき》月蝕があり、内裏で読経が行われた。元暦二年（一一八五）三月十五日は月蝕に当たっていたが、大雨だったので宗厳《そうごん》阿闍梨が弟子二口を率いて参入し、月蝕のお祈りとして金輪経を唱えた。亥刻《いのこく》（午後十時頃）に月が欠け始め、子刻《ねのこく》末（午前零時半頃）に復す予定であったが、雨が降っていたため現われなかった。月蝕は計算されていたのである。

文明九年（一四七七）七月十六日、月蝕により御所を裹んだ。『親長卿記《ちかながきょうき》』によれば、文明十四年（一四八二）九月十四日にも月蝕があったが、応仁の乱後は祈禱がなくなったという。しかしながら、御所を裹むことはなされていた。

日蝕

すでに触れたように、日蝕は月蝕と同じ対応を天皇に取らせた。したがって日蝕も予兆とつながる。

応永三十四年（一四二七）四月二日に山城国（京都府）では見えなかったが、他の国では日蝕があった。朝廷に命じられたお祈りは慈尊院の興継《こうけい》僧正が勤修した。この時には前日の夕べから曇り、卯の終り（午前七時近く）より雨が降った。雨が降れば天の変異も流されると考えられていたので、これを醍醐寺の満済は「法験《ほうげん》（仏法の霊験）か、神妙神妙」

と記している。

正長《しょうちょう》二年（一四二九）八月一日の日蝕は辰刻（午前八時頃）に復することになっていたが、日蝕は現われなかった。

永享《えいきょう》二年（一四三〇）八月一日にも日蝕があるといわれたが、日蝕にならなかった。大礼（即位の儀式）以後であったが、三壇御修法は行われなかった。満済は蝕のお祈りを勤仕《きんし》する人がいないのか、追って尋ねて決すべきか、と日記に記している。

太陽の色

月の色と同様、空に輝く太陽の色も関心をよんだ。建久《けんきゅう》五年（一一九四）四月十六日、鎌倉での朝日は光が無くてあたかも日蝕のようだった。これは煙霞が天を覆ったためでなく、また春天の景色とも言いがたかった。このために人々は奇異の思いをなした。当時の人はここに何らかの兆しを見ていたのであろう。

承久《じょうきゅう》元年（一二一九）六月十七日の鎌倉は、日の光が無く陰っていたため、まるで薄蝕のようであった。月もまた同じ状態だった。去る十三日以後この異変が連日続いた。

嘉禎《かてい》三年（一二三七）四月二十二日の申刻《さるのこく》（午後四時頃）、鎌倉では太陽の色が赤く日蝕のようになった。翌日の午刻《うまのこく》の二点（午前一一時半頃）から酉刻《とりのこく》の三点（午後六時頃）に至るまでも、太陽が蝕したようだった。将軍は大いに驚き、司天の者たちを召して、御寝《ごしん》所《じょ》の東で直接尋ねられた。泰貞《やすさだ》、晴賢《はるかた》、広経《ひろつね》、晴貞《はるさだ》、資俊《すけとし》などは「普通ではないけれども、雲や霞が引きおおって去る時は、西山に傾く日の色が赤くなってこのようになるので、しいて異変だとする必要はない。ただし旱魃《かんばつ》の兆しか」といった。宣賢《のりかた》は「いつの年であっても春がこないことはなく、いつの春でも霞がかからないことはない。もし霞に映ずれば、年々このような変があるだろう。建久（一一九〇～九九）に薄蝕と定められ、仁王会の呪願文に載せられている」などと主張した。この日の夜丑刻《うしのこく》（午前二時頃）には月の色が黄色かった。二十四日に昨日の日の光について親職《ちかもと》が薄蝕の勘文を奉ったが、それによると天変ではないとする者が多かった。

五月十九日に京都から鎌倉に帰って来た者が、先月二十三、四日の間、日の色が変わっていたことを洛中の人も怪しんだと知らせた。京都では二十三日には天が晴れて日の色が赤かった。この日は石《いわ》清《し》水《みず》八幡宮（京都府八幡市）への行幸があったので沙汰は無かったが、翌日に天文道が天変だと奏聞した。二十九日に先月二十三日に太陽や月が赤黄だったことについて、陰陽頭《おんみょうのかみ》の維範《これのり》が薄蝕だと京都から連絡して来た。これは宣賢の主張と符合していた。そこで主計頭《かずえのかみ》の師員《もろかず》を奉行にして日曜祭を勤仕するようにと命じた。なおまた季尚《すえなお》が「霞に映ずる日の色が赤黄になるのは、定まった習いである。建久年中（一一九〇～九九）に資元《すけもと》、晴光《はるみつ》などが薄蝕だといったけれども、季弘《すえひろ》は変ではないといった」などと申した。

応永二十五年（一四一八）二月二十日、京都では夕日がことのほか赤い色だったので、諸人が奇異の念を抱き、何だろうと語り合った。先規によると不快だという。この夜は月もまた色を変え、蝕に似ていた。満済はおよそ希代の事だとしている。

空の光

異常な光

天空では星や太陽だけでなく、特別な光が見えることがある。怪光があると、それもまた何かの兆しと考えられた。

文治《ぶんじ》二年（一一八六）二月九日の夜丑刻《うしのこく》（午前二時頃）、春日神社の大宮御殿の五丈（約一五メートル）ばかり上に、唐笠《からかさ》ぐらいの大きさで、輝く太陽が上がるように一時に光があった。この光が見えてから、神人《じにん》が病気になった。これはもっての外の怪異で、藤原氏の氏の長者にとって御時宜《じぎ》（時がちょうど良い）かと思われた。その後、二十四日になって藤原親雅《ちかまさ》が去る二月九日の光のことを申し上げ、御占形《うらかた》（占いの結果）を下された。

建保《けんぽ》元年（一二一三）三月十日に亡くなった源頼朝の法華堂の後山に光物《ひかりもの》があった。それは長さが一丈（約三メートル）ばかりで、遠近を照してしばらく消えなかった。十六日に至ってこの天変のため、将軍の御所でお祈りなどが行われた。不動供を隆宣法橋《りゅうせんほっきょう》、天曹地府《てんそうちふ》祭《さい》（陰陽道で冥官を祭って戦死者の冥福などを祈る儀式）を泰貞が行った。

建保元年（一二一三）八月十八日の子刻《ねのこく》（深夜零時）、将軍実朝が南面に出御された時には灯が消え、人も定まって、ひっそりとうち静まり、音も無かった。ただ月の色やこおろぎの声に心を傷めるだけだった。将軍は歌を数種独吟した。丑刻《うしのこく》（午前二時頃）に及んで、まるで夢のように青女《あおおんな》（年が若くまだ世慣れない女）が一人前庭を走って通った。誰だと何度も尋ねたが、ついに名乗らなかった。門外に至った時、にわかに松明《たいまつ》のような光物があった。そこで、宿直の者を使いにして陰陽少允《しょうじょう》親職《ちかもと》を召し出し、直にこの次第を判断させた。親職が言うには「特別な変ではない」とのことであった。しかしながら南庭において、招魂祭《しょうこんさい》（死者の霊を招いて行う祭り）を行った。ちなみに翌日の丑刻（午前二時頃）には大地震が起きた。

応永《おうえい》二十年（一四一三）十二月六日の夜に光物が北から南に飛んだ。醍醐寺座主《ざす》の満済《まんさい》は天変かとしている。この月の二日に、天変地妖《てんぺんちよう》（天空に起こる変動と地上に起こる変異）

のお祈りを護持僧中に触れるよう命令があったばかりであった。

応永三十四年（一四二七）六月二十五日の亥初刻（午後九時頃）に地震があった。満済は觜宿《ししゅく》（オリオン座北部）なので、帝釈《たいしゃく》が動いたのであろうか、ただし現図がどうなっているか追って陰陽家に尋ねたほうがよい、と判断した。この地震と同時刻か少し以前に、光物が辰巳（南東）の方より当所の横峰辺へ飛び渡った。あるいは閻魔堂《えんまどう》の後ろへ落ちたという。この出来ごとのついでに諸人が、「この間鎮守の清滝宮《きよたき》（京都市右京区）森の上に光物が連々出現したのを、拝殿の預かり共が拝見した」と言っていた。何の光物か不審だが、ひょっとすると神火などであろうかと満済は考えた。長尾社（長尾天満宮、京都市伏見区）の御宮中の御前の御供えが鳥の仕業により転倒した。寅刻初め（午前三時頃）より御陵が鳴動し、八幡社務の芳清法印《ほうせいほういん》が堂を拝した。二十六日の子刻（深夜零時）ばかりに、昨夜のように光物が悉地院《しつじいん》の大杉の木のもと、地より一、二尺ばかりの上に徘徊していたが、これは大変不思議であった。二十六日に先に光物を親しく見た者たちに尋ねると、皆言うことが違っていた。灌頂院《かんじょういん》で見た者は、「その夜、光物が地蔵院より東の辺を飛び出して清涼堂辺へ落ちた。大略人魂のようなものだった」とのことであった。観心院の侍法師は金剛輪院の門前で、「大湯屋上の辺より見つけ、八足門の上を丑寅（北東）の方へ飛行し、長尾鳥居の辺に落ちたように見えた。光はもっての外強かった」と見た。妙法院（京都市東山区）の侍法師は、「辰巳（南東）の方より飛び出し、横峰辺へ飛び行くように見えた。もっての外高く飛んだ」と述べた。菩提寺の僧たちは、「西方より馬の勢いのような光物が菩提寺上の山を越えて行く様に見えた」と言った。慶円《けいえん》法眼が光祐《こうゆう》法印坊に一宿して見た光は、「雲に入った」という。満済は「この光物が天変か、また光物がただ当所に限るのか、それとも京の辺にもあったのかなどについては、追って尋ねるべきである。およそ当所ではこのように光物が飛び回るのは珍しくない。ただし今度の場合、諸人がこのように見たのはどうしてだろうか」と記している。

文明九年（一四七七）三月五日、京都において光の怪があり、東西南北に光が飛んだ。このため陰陽寮に占文を求めた。その結果は、兵革の兆しだとあった。またこの頃、住吉社（大阪市住吉区）の神馬《しんめ》が死んだと社司が言った。その後、五月五日にも足利義政の邸宅の辺に光の怪があった。

白虹

天に出現し、人間の目に映ずる不思議なものとして虹がある。虹の中でも特に災害などの兆しとして特別な思いを抱かせたのは白い色の虹（白虹《はっこう》）であった。すでに前漢末の劉向《りゅうきょう》の編による『戦国策《せんごくさく》』に、白虹日を貫くことが君主が兵乱を受ける象《きざし》として出ており、中国の影響を受けたものであろう。

承安《じょうあん》三年（一一七三）六月十日に白虹が立ったと、九条兼実《くじょうかねざね》は七月一日に耳にし、本当に珍しいことだとしている。この白虹に何かの兆しを感じたのであろう。

文治四年（一一八八）八月十一日に九条兼実のもとに資元《すけもと》が来て、「去る月二十四日に白虹が見えた。それが心大星を貫いたが、これは希代の変異である」と述べた。

建久元年（一一九〇）十二月十九日の早朝に九条兼実邸に来た業俊《なりとし》が、「昨夜白虹が月を貫いた」と言った。そこで翌二十日に司天の者たちを召し、白虹の変事について問うと、皆が白虹だと判断したが、資元一人だけは白虹ではないと主張した。二十一日には三合《さんごう》（陰陽道でいう厄年の一つ。暦の上で一年に大歳・太陰・客気の三神が合すること。この年は天災・兵乱などが多いとする）のお祈りがあり、二十二社に奉幣《ほうへい》したが、宣命《せんみょう》に白虹の変のことも載せられた。翌日には三合、白虹等のお祈りのために御修法《みしほ》二壇、金輪・北斗の行が始まった。

永享《えいきょう》五年（一四三三）七月十七日に満済は、山門（比叡山延暦寺）で怪異が連続したと聞いた。聖神子御前の念仏堂刻橋《きざみばし》より今月五日に虹が出現した。同じことが至徳《しとく》年中（一三八四〜八七）にもあったという。満済が内々に在方に尋ねたところ、占文は「大略その所が怪異で、強いて公方がお慎みになることはない」とあった。その他山門での怪異として、社中でお産があったり、あるいは十禅師の猿がことごとく退散したりしたという。

赤気

赤い色の運気や彗星などを赤気《せっき》と呼び、これも特別な兆しだと考えられた。貞治《じょうじ》二年（一三六三）六月十九日の夜、北および丑寅（北東）にあたる方向に赤気があった。これは大旱（大日照り）の兆しではないかといわれた。応安《おうあん》三年（建徳《けんとく》元・一三七〇）十月八日に赤気が北方に見えた。さらに十一月七日にも赤気が北方に望まれ、白と黒の色の光があった。

永享十二年（一四四〇）八月十六日には赤気があり、天に渡った。

このように赤気が注意されたのは、こうした現象が悪い兆しとして意識されていたからである。

雲

赤気に限らず、いつもは見ない形や特別な色の雲も何かを意味していた。

近年話題に上がる地震雲なども、これに類する。

文明九年（一四七七）正月二十八日に甘露寺《かんろじ》親長《ちかなが》が参内すると、天皇より「今朝怪異の雲があったが、なんじは見なかったか」と尋ねられた。親長は見なかったが、その雲の色は黒で、細い雲が坤《ひつじさる》（南西）の方から東の方にそびえていて、長さは数十丈もあったという。「天文道の有宣《ありのり》に尋ねた方が良いか」とおっしゃられたので、有宣を召した。彼は小川御所の間に参って触穢《しょくえ》（死穢・弔喪などのけがれに触れること。けがれに触れた人は一定期間中、神事を行ったり宮中へ参内することができなかった）だといって、御所に来なかった。そこで親長が退出の後、旅店門外で子細を尋ね、「怪異の雲ではない」と言上した。

明応《めいおう》三年（一四九四）六月十九日に、巽《たつみ》（南東）から乾《いぬい》（北西）に向かって旗雲（旗のようにたなびく雲）があった。甘露寺親長は、『文徳天皇実録』の天安《てんあん》二年（八五八）六月の条に、白雲が艮《うしとら》（北東）より坤《ひつじさる》（南西）にわたり、時の人はこれを旗雲と呼んだとあるので、今回も蚩尤旗《しゆうき》ではないであろうとしている。ちなみに蚩尤旗は、ほうき星に似て尾を旗のように引いている星の名で、中国では世が乱れ、天子が四方を征伐する前兆とされた。

異様な形やいつもは見ない色の雲もまた、戦争などの兆しとして特別な意識で見つめられていたのである。

天を見る目

天と人間

私たちは日常生活で、天が下す罰、悪いことをした時に自然の報いの意味で、天罰の語を使う。また何となく天の知らせだとか、天の味方、天運だということも多い。その人の天性にあった職業を天職と呼ぶが、天性とは天から授けられた性質で、生まれつきそのようであることである。このような言葉の「天」には、天地万物の支配者である天帝の意味がこめられており、天地・万物を支配する法則の趣がある。

もちろん「天」の第一義は、地上を覆って広がっている無限の空間、大空である。同時に天は「天国」に象徴されるように、神や精霊・祖霊などの住む世界と意識されてきた。換言するなら、人間界のすべてを支配する法則を作っているのも天上の神や仏だと理解されたのである。

私たち人間が生活するのは原則として大地の上に限られ、天上でも、地下でも、水中でも生きていけない。こうした世界は別世界（あの世）であり、この世はあの世の住人の神や仏などによって司られる。特にあの世の中でも最も高いところに位置し、この世のすべてを支配しているのは天の神なのだとの意識は、現在でもわれわれの心中に沈潜している。仮にそのような意識が深く日本人の中に根づいていたとするなら、天の意図の把握は、この世の未来をも知ることにつながり、そのまま災害の予知にもなる。

天空にまたたいて、天を象徴するものに星がある。朝のテレビでその日の運勢を星占いとして流している。その運勢がどの程度当たるか知らないが、私の子供たちは毎日見て一喜一憂している。星占いは、天の象徴として星があり、天が人間の未来などをも決定しているのだから、星を見れば人間の未来もわかるという認識によっていよう。

天の観測

すでに見てきたように、中世では天の異状などが発見されると陰陽師《おんみようじ》や天文方が占った。陰陽道は古代の中国に発生したもので、その中心となる思想は陰陽五行説で、日月や十干十二支の運行の配当から吉凶を判断した。陰陽師自体は飛鳥時代から存在したが、国家制度の整備された律令制では陰陽寮が置かれ、天文密奏・

造暦・報時・卜筮《ぼくぜい》などを行った。中世の陰陽道もその延長線上にあった。陰陽寮がかかわる暦や時間の決定は、天の動きを人間の活動に都合が良いように読み替える作業である。その元となる太陽や月、星などの動きは人間が司るのではなく、本来あの世の住人が制御している。暦や時間の作成はあの世である天体の動きを元にして、人間の活動の目印を作ることである。したがって陰陽師の仕事はあの世とこの世の橋渡しをする性格に特徴がある。

これは、彼らの判断のもととなる星の観測が、夜に行われることともつながる。幽霊が出現するのが夜であり、寺社や地域の重要な御祭が夜に催されることでも明らかなように、夜はあの世の住人である神や仏などが活動する時であった。人間の活動すべきは昼間であり、夜間は休み慎むべき時であった。この人間と神の活動帯の交錯するのが、かわたれ時、黄昏《たそがれ》時などといわれる、明け方と暮れ方であった。この時刻は逢魔《おうま》が時とも呼ばれ、妖怪などにあったり、夕占《ゆうら》などの占いを行ったりできる時間でもあった。これはこの時間帯が、あの世の住民の活動とこの世の住民の活動が重なり合う故《ゆえ》で、人間と神の活動を分けるためにも明け六つ、暮れ六つの時刻が必要だったのである。とするならば、夜に天の星を見ている人達は普通の人間が活動をしない、神や仏の時間帯に活動をすることになり、特別な能力を持つ者でなければならなかった。

国家権能と暦

天は無限につながっている。狭い地域だけを覆うのでなく、すべての大地の上に存在しているのである。しかし遠く離れれば、一つの地点で太陽がまさに出ようとしている時、一方ではまだ真っ暗ということもあり得る。現実の天体の動きと国の時間とは異なるのである。そうした中で、広い範囲にわたって同じ日の同じ時間に合わせることは、国家統治の基盤をなした。私はかつて中国の故宮《こきゅう》を訪れたことがあるが、乾清宮《けんせいきゅう》の前に日晷《にっき》（日時計）と嘉量《かりょう》（枡）が置いてあったのが印象に残った。二つのシンボルが置かれた故宮は中華帝国の中心で、この日時計を前提とする時間と、枡を前提とする度量衡の及ぶ範囲が、中国の統治範囲だったのである。

日本でも同じで、朝廷の定めた暦の使用される範囲が日本であった。現在でも日本の元号は日本国内のみで通用し、日本の祝祭日は国外では通用しない。したがって、国家の形成と暦および時間の制定は密接な関係にあり、これを確定し、従わせることがもっとも重要な国家権能だった。このために広域にわたる政権は暦を定めることのできる人（陰陽師）を持つ必要があった。そして政権担当者はこの世の指針となる天の異常を読み取り、それに対処する義務を負っていたのである。換言するなら、天の異常に対処することが国家的規模での政権維持者の権能であり、役割だったのである。常に天を観測させ、なおかつそれを読み取って判断できる専門家の維持は、小さな権力ではとうていなし得なかった。逆に、天の異常に対処できなくては、広域の統治能力がないも同然だったのである。

日本の中世では、基本的に朝廷が陰陽師を抱えて暦を支配していた。同時に、幕府の側にも陰陽師がいたことが注目される。幕府は独自に天の異常に対処しようとしており、日蝕や月蝕に際して内裏のみならず幕府の御所も蓆《むしろ》で裹《つつ》むことから、将軍も秩序の中心であるとの意識が見られる。こうした陰陽師を権力の中に置こうとする動きは時とともに拡大し、武田信玄が判の兵庫と呼ばれる博士（陰陽師）を抱えて築城の安全を祈っていた（拙著『武田氏三代と信濃』郷土出版社、一九八八年）ように、戦国大名も陰陽師を配下に置いていた。

古代国家が国家として独占的に陰陽師を抱え込んでいたのに対し、中世になると武家政権など多元的に陰陽師が分散していった。本書では紙数の制約もあって具体的な分析はしないが、この時代を通じて陰陽師は広く社会に浸透し、民間にも陰陽師が多数存在するようになった。しかしながら、相変わらず天空全体の異常などの国家にかかわる占いは、朝廷や幕府の陰陽師が担い、地域の陰陽師は地域や個人の安全に結びつく呪術行為をしていた。中世の展開とともに陰陽師が国家から狭い地域に至るまで、重層的に存在するようになっていったのである。

地表を取り巻く世界

大地と海

中世の人々にとって、人間が活動する地表面を覆う天空が神や仏などの住む他界だとするなら、人間が踏み締めている大地の中もまた他界であった。

他界としての地下

人間は多くの場合、死亡すると地中に埋められる。この世の住民でなくなった者が次に行く世界（他界）として比較的認識しやすいのが地中なのである。各地に伝わる、地中にある鼠《ねずみ》の楽園を訪ねて財宝を得る鼠浄土の昔話は、日本人が抱いた地下の他界意識を伝えている。

大地の中が他界である意識は、現代でもさまざまな場面で見られる。たとえばどんな最先端技術で建物を造る場合でも、地鎮祭を行って大地の神に工事の平安を祈る。人柱の伝説が多いのは、堤防の普請《ふしん》、城の普請、橋の普請など、大地に手を加える際で、日本人が大地を動かす行為に特別な意識を抱いていたことを示している（拙著『中世的世界から近世的世界へ』岩田書院、一九九三年）。つい近年まで大地に穴を開けた井戸や便所を埋めるに際しては、節を抜いた竹を刺したり、鏡を埋めるなどの儀礼がなされていた。また、幽霊と接触することが多いのは、井戸のそばやトンネルの中など大地にあけた穴の付近であった。

人々は他界である地下に神々や仏などが住んでいると予測した。天空に住む神が星などを通じて、この世の住人にこれから起こる災いや幸運を知らせてくれるとするならば、地下に住む神も何らかの情報をこの世に送っていると、中世の人々は考えたはずである。

地震の背後　地下からこの世に伝えられる信号としてもっとも分かりやすいのは、大地が揺れる地震である。地震はそれ自体が災害であるが、中世の人々にとって地震もまた何かの前兆であった。

治承《じしょう》元年（一一七七）十月二十七日の丑刻《うしのこく》（午前二時頃）ばかりに、奈良に大地震があった。世間では保延《ほうえん》（一一三五〜四一）以後このような大地震はないと語っていた。これによって東大寺の大鐘が振り落とされ、大仏の螺髪《らほつ》が少々落ちた。この日、地震の吉凶を斎宮が卜定《ぼくじょう》することになった。十一月七日にこの地震について軒廊御卜《こんろうみうら》（天変地異や不吉な事態が発生した時に紫宸殿《ししんでん》〔内裏の正殿〕の東軒廊で行われた占い）が行われた。朝廷としては地震の意味を知り、いかに対応したら良いかを考えたのである。十日に九条兼実《くじょうかねざね》のもとに時晴《ときはる》が来て、「しきりに天変がある上に、先日は大地震などがあった。占文は不快、ただし内論のごとくであるならば吉動」といった。その後十一月二十四日には、地震について九社に幣《ぬさ》（祈願したり、罪やけがれを払うために神前に供える幣帛《へいはく》）を奉った。これはいつもの七社の他に、御占の結果により吉田社と日吉社を加えたものであった。

治承三年（一一七九）十一月七日の戌刻《いぬのこく》（八時頃）ばかりに、京都では大地が激しく動いてしばらく止まなかった。陰陽師《おんみょうじ》の安倍泰親《やすちか》が急いで内裏へ駆けつけて、「この度の地震は占文の示すところ、謹慎が軽くありません。陰陽道の三経の中の金匱経《きんき》によれば、年でいえば年の内、月でいえば月の内と見えていて、もっての外の火急です」と言って、はらはらと泣いた。その後、二十日に後白河法皇は院の御所を平氏の軍に囲まれ、鳥羽殿に監禁された。去る七日の夜の大地震もこうなるはずだという先表《せんぴょう》（前兆）であって、世界の最も深い地の底までも響き、堅牢地神《けんろうじしん》（大地をつかさどる神）が驚き騒がれたのであろうが、それももっともなことだと人々は話し合った。

つまり、陰陽師はこの地震が何を意味するか占いを行い、よくないことが起きると解釈したのである。そして世間も、後になって地震は後白河法皇の処遇を示していたと理解した。

文治《ぶんじ》三年（一一八七）十月十二日の巳刻《みのこく》（午前十時頃）、京都に大地震があった。去年七月の揺れには及ばなかったが、その外では第一の大動であった。天変が相次いで起きている上、地震があったので九条兼実は「恐れてなお恐るべし」と評した。兼実邸を訪れた司《し》天《てん》（天文博士）の基泰《もとやす》、泰茂《やすもち》なども各々恐々としていた。

建保《けんぽ》元年（一二一三）五月二十一日の午刻《うまのこく》（正午）に鎌倉では大地震があった。音があって舎屋が破壊し、山が崩れ、谷を埋め、地が裂けた。死亡者も多く出て、神社や仏閣も破壊された。近代（当世）このような大動は無かった。陰陽師が調査し考察して、「二十五日の内に、兵動があるだろう」と言った。ここでは地震に伴う音の存在が注目される。

嘉禄《かろく》二年（一二二六）四月二十七日の未刻《ひつじのこく》（午後二時頃）に鎌倉で大地震があった。陰陽師等は占文によって、「十日を過ぎないうちに兵革があるだろう」と、御所に申し上げた。

永徳《えいとく》三年（弘和《こうわ》三・一三八三）四月二十四日の暁の寅刻《とらのこく》（午前四時頃）、京都は大地震に見舞われ、鼓《つづみ》を鳴らすような音があった。権天文博士《ごんのてんもんはかせ》の安倍守経《もりつね》によれば、兵《いくさ》が起こるなどの凶兆であった。

応永《おうえい》二十年（一四一三）九月一日。京都に地震があり、少し大地が震動した。これは水神が動いたとされた。六十カ日を経ずに兵革等が起きるとの占文であった。

応永三十二年（一四二五）閏《うるう》六月十七日の寅初刻（午前三時頃）に、京都で大地が動いた。在方《ありかた》の占文には、「竜神が動いた。もっての外の不快で、専ら兵革・病事になる。大違乱は百日の中、あるいは一年を過ぎずに起きる」などとあった。有盛《ありもり》は、「天王が動いた。法のごとくならば吉の動きである。丑刻（午前二時頃）の地震である」などと注進した。満済は、両人の結果は水火の相違があるがいかがだろう。本当に丑刻ならば虚宿天王が動いたのは勿論である。だから寅刻に地震が起きたといったのであろう。自分は聖天供を開白しており、その時刻は後夜寅刻であった。後夜の念誦等を少し早く沙汰したところ、後夜の鐘が鳴っている最中に大地震になった。したがって寅刻で間違いない。ただし時刻について寅の初めはなお丑刻だという口伝の子細もある。この儀によるならば、この地震はもっとも吉動となるなどと考察した。地震は翌日十七日までも連続した。十八日には地の動きのためお祈りを、来たる二十日より一壇勤修することになり、公武の祈禱を特にねんごろに行うように命令があった。

正長《しょうちょう》元年（一四二八）九月十八日の子刻《ねのこく》（深夜零時）、京都に大規模な大地震があった。この意味を在方に尋ねると、「金翅鳥《こんじちょう》（迦楼羅《かるら》、想像上の大鳥。翼は金色で口から火を吐き、竜を好んで食べる）が動いて地震になった。兵革以下の不快がある」などとの占文だった。有盛へ質問したところ、「その夜は畢宿《ひっしゅく》であったので、天王の動きは吉動である。ただし九月に兵革があるだろう」と答えた。有富《ありとみ》に聞くと、「その夜は觜宿《ししゅく》であったので、天王が動いたのは吉動である。ただし九月九、十日のうちに兵革が動くだろう」とのことであった。両人は通宿を現し、畢宿あるいは觜宿とするが、この相違は畢觜の両宿が続いているので時刻の遅速だろうかと満済は考えた。この占い結果によって、二十九日から兵革のお祈りが、護持僧上首四人によって始められ、十月七日に満了した。そしてこの日の夕べから再度続けて勤修されることになり、金剛王院（醍醐寺の院の一つ）僧正の手代が勤めた。

永享《えいきょう》五年（一四三三）正月二十四日の酉刻《とりのこく》（午後六時頃）、伊勢・京都・近江に大地震があった。『看聞日記《かんもんにっき》』によれば、この地震は帝釈《たいしゃく》が動いたためとされた。これは吉動であった。ただし、いつものように兵革の兆しだという。二十六日になって、陰陽寮から一昨日の地震はもっての外の凶事だと注進があった。一方『満済准后日記《まんさいじゆごうにっき》』には、二十四日の申刻《さるのこく》（午後四時頃）に大地震があったと記されている。図に尾宿が現われたので、竜神が動いたためだという。しかしこれまでの通例から暦面の通り斗宿で、天王が動いたと注進した。在方《ありかた》の占文には、「月が斗宿を行くのは天王動くところで、天子にとって吉、大臣は福を受け、万民は安穏である。『天文録』によれば、正月に地が動くと九十日の内に兵が起こる。また、春に地が動くと君主が慎まなければならない。さらに地が動くと旱魃《かんばつ》」などとあった。

永享五年（一四三三）三月二十六日の暁に京都で、竜神が動いたという大地震があった。占文の結果は不快で、兵革・旱魃以下の災いが来るとのことであった。ちなみにこの地震は二十八日まで続いた。

享禄《きようろく》四年（一五三一）閏五月二十五日に京都で地震があった。火の神が動いたためで、占文は「臣が上を侵す。将軍に変がある。老幼が病死。百姓は安んぜず。火災の事」などを示した。

海の色

海の中でも人間は生きていけない。『日本書紀』などには、深海の底にあって海神が住むわたつみの国が記されている。また、浦島太郎伝説で有名な竜宮城も海中にある。さらに海の中からは海坊主や船幽霊も出てくる。このように、海中も天や大地の場合と同様に他界であり、海からもこの世に何らかの信号が発せられる可能性がある。

建保四年（一二一六）三月七日に鎌倉付近の海水の色が変化し、紅を浸したような赤い色に変わった。

嘉禄《かろく》三年（一二二七）閏三月二十日にも腰越《こしごえ》（神奈川県鎌倉市）の海辺は、潮が赤くなって血の如しという状態になった。

残念ながら海についてはあまり情報がないが、これまで見てきたような事実から、海の色や波の状況などから未来を知ろうとして、右のような事実が伝わったのであろう。

異変への対応

地震を代表とする大地の異常や海の変化は、広域ではあってもある程度範囲が限られる。同じように大地が続いていても揺れる地域は限られ、同じ日本列島の上でも被害にあわない場所がある。これは海の異常でも同じである。この点、空の星や太陽、月の異常が広く見られるのとは異なる。

地震などは天空の異常と同様に、朝廷や幕府といった国家的規模で占いがなされ、その対応策が国家として取られた点に特徴がある。ここに先程まで見てきた国家的な陰陽師の役割が存在する。それと同時に地域ではこうした統治者とは別に、地域ごとに神に祈るなどの対応策もとられていたのであろう。

気候の異常

大気

中世の人々にとって天は神々の住む他界であり、地下も、そして海の中も同様であった。人々は自分たちが足を置いている地表のみが人間の世界だと考えていたのである。

ところで、天からは雨が降り、雪が降ってくる。降り過ぎても、降らなくても人間の世界に被害が出る。風は姿が見えないが空中を動き、寒さや暑さも同じようである。いわば天の世界とわれわれの世界をつなぐものとして風や雨・雪などがあった。

当然ではあるが、暑さや寒さ、旱魃、雨や嵐、風などの気候や天気は人間が作り出したり、制御したりできない。これらは風神や雷神などそれぞれの神が司ると考えられていた。

原因が直接目に映るような形で現われず、当時の人々にとって理由が判然としない気候異常などは、そこに神が何らかの意図をこめて作り出しているはずだと、中世の人々は認識したのである。

気候異常はそのまま災害になるが、中世の人々は単にこれを災害と意識せずに予兆の一つだと考え、神の意図を読み取り、神の意に添うようにして、より大きな災害を避けようとした。

炎天と降雨

気候の異常の代表に、雨がまったく降らない（干害）、逆に降り過ぎる（洪水、水害）といったことがある。

建久二年（一一九一）七月二日には時々雨が降った。先月の十三日よりこの日にまで、一日もあかずに毎日雨が降った。これは極めて珍しいことであったので、夜に入って御占を行った。光綱が占（卜）形を持って九条兼実《くじょうかねざね》のもとへ来た。陰陽寮《おんみょうりょう》は「理運である」と言い、神祇官《じんぎかん》は「理運の上、巽（南東）と乾（北西）の神が祟っている」と申した。

応永二十七年（一四二〇）六月二十九日申刻《さるのこく》（午後四時頃）、久しぶりに夕立が降った。その夜より祈雨のため孔雀《くじゃく》経法が行われた。将軍に仕える女の局に天から鮒《ふな》が降り下ったので、陰陽師は火事が起きると占った。この女房は洞院の娘西の御方で、その後将軍の御意によって、尼になったという。

雨が降らなければ農作物はだめになり、降り過ぎれば水害に見舞われる。これは神が人間に何かの意図を伝えようとしていると解された。同じように空から普通ではないものが落ちてきた場合にも、特別な意味があると考えたのである。

雪と雹

空から降るのは雨だけではなく、雪や雹《ひょう》もある。これに関しては「月と太陽」の「月の光」で、文治三年（一一八七）三月十四日の雹が異変とされた（二三ページ）ことをすでに見た。その量なども問題になるが、雪の場合には色、雹の場合には大きさなどが兆しの目安とされた。

寛喜《かんぎ》二年（一二三〇）六月十六日に美濃国より鎌倉幕府に飛脚がやって来て、「去る九日辰刻《たつのこく》（午前八時頃）、当国蒔田庄《まきたのしょう》（岐阜県養老郡上石津町）に白雪が降った」と伝えた。北条泰時《ほうじょうやすとき》は時ならぬ雪に大いに畏怖して、徳政を行うよう沙汰をした。

文明九年（一四七七）七月二十八日には、北陸に厚さ一寸（約三センチ）の赤い雪が降った。

文亀《ぶんき》元年（一五〇一）四月二十一日に京都には雹が降った。その大きさは胡桃《くるみ》（あるいは檳榔子《びんろうじ》に作る）ぐらいで、稲に害を与えた。この雹は数刻の間消えなかった。占文によれば、旱魃・兵乱・飢饉などの兆しだという。

長享《ちょうきょう》元年（一四八七）四月十五日に京都では夕立が降り、雹も降った。甘露寺《かんろじ》親長《ちかなが》は後に、占いがなされたと聞いた。

雷

雷が神鳴りの意味であることに明らかなように、雷鳴はあの世の住人である神が起こす音が、この世に聞こえると理解された。雷神は日神の分身として、古代には神の代表で、特にその雨と雷光によって、天と地とをつなぐ媒介者となった。雷鳴による年の天候や運勢の占いが各地で行われているが、雷神は特別な威力を持つ神だけに、そこから神の意図を読み取ろうとしてきたのである。

治承四年（一一八〇）十月二十九日の未刻《ひつじのこく》（午後二時頃）ばかりに急に天が陰り、大雨が降り、大風が吹き、雷鳴がとどろいた。九条兼実は「これ天変か、恐るべし、恐るべし」と日記に書いた。

承久《じょうきゅう》三年（一二二一）正月十日、鎌倉は晴れで終日風が激しかった。夕方になって突然に雷が鳴り、雨が降った。その後二十二日に至って、十日の雷鳴の変に対処するため祈禱などを開始した。天地災変祭は泰貞《やすさだ》、三万六千神祭は晴吉《はるよし》、属星祭は親職《ちかもと》、泰山府君祭《たいざんふくんさい》は宣賢《のりかた》、天曹地府祭は重宗《しげむね》が担当した。また鶴岡宮において供僧《ぐそう》（神社に奉仕する社僧）等に大般若経を転読させた。この状況からして、正月十日の時ならぬ雷鳴をめぐって占いがなされ、その結果が良くなかったので、幕府の命令によって神や仏を慰撫して、災害などを取り除こうとしたのであろう。

貞応《じょうおう》二年（一二二三）十一月二十九日の辰刻《たつのこく》（午前八時頃）、鎌倉では雨が降り、雷が鳴った。来年の若君（三寅《みとら》）の御所建築について北条義時《よしとき》の邸宅で評議した。義時は「日頃の天変（十一月一日には歳星が辰星を犯し、また熒惑《けいわく》（火星）が太微に入った。十九日の戌刻（午後八時頃）には太白星（金星）が哭星の第一星を犯した）や今日の雷鳴等については、なお考えることがある」と言った。そこで陰陽師《おんみょうじ》等を召して質問した。陰陽師は卜筮《ぼくぜい》を行い、御所の新築に関係して「最吉ではないが、宜《よろ》しい」と申しあげた。次に天変・雷鳴等のことを尋ね、知輔《ともすけ》が委細を述べた。ここでも雷鳴は、何か特別なことを意味していると判断されて、陰陽師によって占いがなされたのである。

寛喜二年（一二三〇）六月九日、鎌倉は雷雨だった。酉《とり》の四点（午後六時半頃）に雷が将軍の御所の御車宿の東の母屋の上に落ち、柱や破風などが破損した。後藤判官《ほうがん》の下部《しもべ》が一人悶絶したので、筵《むしろ》をまとわせて北の土門から出したが、戌刻（午後八時頃）に死んだ。翌日御所では七座の鬼気祭が行われた。十一日に北条時房《ときふさ》や義時が御所に行き、九日の雷に関係して御所より将軍を去らせるか否かを、御占の吉凶の結果で決するかどうか評議した。結局、御所から将軍を去らすのが良いが、是非については御占によろうということになり、陰陽師七人を呼んだ。師員《もろかず》が「去る九日に雷が落ちたのは一般には忌むべきことだとしても、関東の先例ではかえって吉事である。しかし御所を去らすべきだという人々がいるので、どうしたら良いか各々ではかってほしい」と伝えた。泰貞は「雷が落ちるのは常のことで、御占を行ってためらわずに御所を去る先例の覚えがない。だから御占で決定したい」といった。晴賢は「雷が落ちるところに住んではいけないと、自分の先祖の晴道《はるみち》が説明している上に、『金匱経《きんき》』や『初学記』などにも不快とある。去った方が良い」と主張した。親職、晴幸《はるゆき》は「鷺《さぎ》の変や雷雨と怪異が重なっているので、去るべきだ」といった。このような論議の後に、御占で決するように命令があり、泰貞、重宗は「去る九日酉刻の事件は一切別状無く、だいたい宜しい」と占った。親職、晴賢、晴職《はるもと》は「不快」と申した。晴親《はるちか》、国継《くにつぐ》は「半吉」だといった。結局、評議では去らないことを決定した。

寛喜三年（一二三一）十二月三十日の夜戌亥《いぬい》の両刻（午後七時から十一時頃まで）、鎌倉に大雨が降り、雷鳴があった。大晦日《おおみそか》の夜の雷鳴は、ことに重変だと言う者があった。

嘉吉《かきつ》三年（一四四三）七月二十一日の日暮れに京都は雷鳴がとどろき、もっての外の暴雨だった。貞成《さだふさ》親王が聞いたところ、室町殿でも夜明けの時分に同じことがあったという。

親王は、「驚歎至極。この間の天変、諸社の怪異等の結果はこのごとくである。天下のためことに驚きに存ずる」と記している。

江戸時代初期の絵師として有名な俵屋宗達《たわらやそうたつ》の代表作に「風神雷神図屏風」があるが、風を司る風神も雷神と並ぶ天空の神といえよう。したがって、神が起こす風の吹き方から、災害などの予兆を得ることもあった。

強　風

治承三年（一一七九）五月十二日、京の内に辻風《つじかぜ》（つむじ風。旋風）が吹いて人家が多く倒れ、死ぬ人も多かった。牛馬の類は数限りなく打ち殺された。これはただ事ではないと、神祇官《じんぎかん》で御占が行われた。「これから百日の間に、高禄の大臣に謹慎すべきことがあり、とりわけ天下の重大事が起き、それとともに仏法・王法ともに傾いて戦乱が続くであろう」と、神祇官・陰陽寮ともに占った。

治承四年（一一八〇）四月二十九日の申刻（午後四時頃）に上辺（三、四条辺だという）につむじ風が起こり、家を壊し木を折り、人家の多くが吹き損なわれた。同時に雷鳴がして、七条高倉の辺りに雷が落ちた。翌日の未刻《ひつじのこく》（午後二時頃）に前大納言邦綱《くにつな》が九条兼実へ、「一昨日の暴風は朝家の大事である。お祈り以下をどのようにしたら良いか、奏するように」との新院の仰せを伝えた。兼実は「先ず例を外記ならびに天文道の輩に問うのがよいでしょう。また御占を行うべきです。宗盛《むねもり》などの主張に従って、お祈りの沙汰をしてください。辻風は常のことですが、いまだ今度のようなことはありませんでしたので、物怪《もののけ》（人に取りついて祟りをする死霊・生き霊・妖怪の類）かもしれません」と返答した。五月四日亥刻（午後十時頃）に陰陽大允安倍泰茂《やすしげ》が百恠《ひゃっかい》（怪）祭《さい》を南庭において行った。このついでに去る四月二十九日の飄風《ひょうふう》（急に激しく吹く風）の占文を持ってきた。それには、「兵が起こり、官軍は敗れる」とあった。

応永三十年（一四二三）五月九日に京都に大風が吹き、東寺の東にある開かずの門の扉が開いた。関木が砕けて金物等が抜け落ちたためで、世にもまれなことであった。満済の元にはこの子細を宝清《ほうせい》法印が注進してきた。手紙によれば、「京中の築地がひっくり返り、小さな家などがほとんど吹き壊された。相国寺《しょうこくじ》大塔の足代木《あしろぎ》が吹き落ち、それに当たって力者・法師等、四人が即座に打ち殺された。醍醐の辺りはそれほどの大風が吹かず、山の上の木が少々吹き倒され、坊々の屋根が吹きまくられただけで、山の下も同じだった。弘忠《こうちゅう》法印が新造した大智院坊の寝殿は、先月十四日柱を立て棟《むね》を上げたばかりで、いまだに上葺《うわぶ》きもしていないのに、今日大風のために転倒してしまった」などとあった。五月二十五日に、「六月に両御所様はお慎みになるように」と陰陽師が申し入れた。その上東寺の東の門が先日の大風で吹き開いたので、公家が慎しまなければならなかったのである。一方で御祈禱に及ぶように沙汰があった。

永享《えいきょう》二年（一四三〇）八月十八日、京都は大変な大雨、大風だった。このために方々が破損した。醍醐寺の諸院は吹き損じがなく、山上・山下とも無事だった。大風は午刻の半ば頃（正午）に止んだ。五霊の祭礼は何事もなかった。六条八幡宮の油神人が清水寺に参詣して、帰路に五条の橋の上において大風に逢い、橋より吹き落とされ、主従二人が亡くなった。他にも類した事件が所々にあり、官庁の門が二つ転倒した。相国寺の辺はすさまじく吹き損じた。細川右京大夫亭の祇園会《ぎおんえ》の桟敷《さじき》も一、二町他所へ吹き落ちた。十八日の大風は大和・近江国には吹かなかった。二十五日に、十八日の大風のために少々転倒した御陵の木が、清滝の拝殿の南大床にする材木にふさわしいと番匠が申したので、下知をしようとしたが御廟の木であった。なお神慮がはっきりしないので、神前において御鬮《みくじ》を取らせたところ、しかるべからずとの結果が出たため、取り止めた。次に、清滝の森に転倒している木を長尾社の用木に使ったらどうかと奉行僧がいったので、清滝で同じく御鬮を取らせると、いけないと出たので、これも略した。満済は「神道のことは、凡人の考えではもっともはかり難い。後々なお謹慎した方が良い」としている。

気候異常も広い範囲にわたって起きる。このための対応は、地震などと同じように広域の大きな災害は国家に責任があり、為政者は天のいさめに応じて徳政などをしなければならないと考えられていた。そこで朝廷や幕府などで占いがなされたのである。

国家と地域

一方、気候は地形などによる地域的な特徴が強い。このため各地の神社には風の神、雨乞いの神など、特別な能力を持つ神が勧請《かんじょう》されている。これは地域住民にとって気候の異常が極めて切実な問題だったからである。したがって、全国的な気候の異常などには国家が対応したが、その底辺部にある地域的な渇水などの小異常では、村落共同体など地域や各家ごとに、雨乞いや風の神への祈りなどが行われていたのである。

現在でも地域によって天候などを占う諺《ことわざ》が発達し、また地域の神社などで一年の天候を占うことが行われている。史料的制約もあって本書では触れ得ないが、気候に関する予兆は地域性が強く、それだけ民衆の生活に深く根ざしていたのである。

寺や神社での知らせ

仏像・神体の異常

寺社の役割

これまで見てきた事例から、中世の人々はこの世の出来ごとを司っているのが、あの世に住むさまざまな神や仏で、その代表として天の神が存在すると認識していたといえる。神仏習合説が普及した中世では、神と仏は区別されておらず、災害なども神や仏が区別なく起こすと理解したのである。しかも、災害を起こす神々などは災害の前に何らかのサインをこの世に送っているので、為政者などが神の意に応じて、よい政治を行ったり、神をなだめたりすれば災害を防ぎうると考えた。当然ではあるが、災いとは逆の、人間にとって幸いとなるような事がらも、神がもたらしてくれるのである。

人間にとってあの世の住人である神や仏などは、この世に災害をもたらす恐怖の対象であると同時に、自分たちを守ってくれるすがりつく対象でもあるという二面性を有していた。威力があって、この世に恐怖を引き起こす神が、反対に人間の側についてくれた時には、その加護も大きくなる。

当時の人々にとって、自分たちの住む大地の表面以外は、天空も、地下も、そして海の中も、神々などの住む他界であった。しかも、自分たちの住む集落の外は基本的に違う世界で、意識の中では他界につながった。疫病が他の地域から伝わってくることで明らかなように、集落の外からはどのような他界の住人が入り込むかわからなかったのである。疫病などによって集落の平和が乱される可能性があるのなら、より強い神によって自分たちの世界を守ってもらい、他界からの侵入者に備える必要があった。

そうした神や仏と人間が直接接触できる場所として、神社や寺が設定された。神社は神と、お寺は仏と接触できる場所だった。そして高みから人間を見守ってくれる神や仏が想起され、集落のもっとも高いところや中心部に、住民を庇護するように寺や神社が設けられた。人々は寺社の膝元に位置して集落が守られていると考えたのである。

また、集落の入口などには悪鬼や疫神などの侵入を防ぐ意味で勧請縄《かんじようなわ》が張られたり、道祖神《どうそじん》が祀られたりした。そして集落の四方の境界にも神などが祀られて、集落を聖なる空間とするバリヤーの意味を持たされることも多い。これはそのまま寺社の配置にもつながった。

いずれにしろ、寺社はこの世の中で神や仏と接触可能な場であるから、他の場所より多くの神仏からの知らせを聞くことができたはずである。

動く仏像

寺社における御神体や仏像は、本来は姿を見ることのできない神や仏を、人間の目に見える形にし、礼拝の対象にしたものであった。日本においては神を人と同じ形の彫像や絵にしようとする意識が、仏教の仏像などに比較すると弱かった。一方で、あの世の住人を直接人間の目に映ずるようにした仏像は、それ自体が人間を救ってくれる仏や神の化身として、来たるべき社会の災いなどを直接指し示してくれると意識された。

応永《おうえい》二十五年（一四一八）三月十二日に矢田地蔵堂（奈良県大和郡山市）で、勧進《かんじん》（人々に仏の道を説いて勧め、善導すること）のために『平家物語』が語られていた。その最中に地蔵菩薩が錫《しゃくじょう》杖を振り、少し動いた。『平家物語』を聴聞した人たちや、芝居をしていた者たちがこれを見て、不思議だと語り合った。この仏像の動きは火災の前兆だとされたが、同様の事件が他にもあったという。

この場に集まった人々は、仏の救いを信じている人達であった。その目前で地蔵菩薩が動いたのであるから、仏が何かを訴えていると理解するのは自然の成り行きでもあった。矢田寺の地蔵菩薩の仏像は、体を動かして人間に災いを知らせてくれるとの信仰が、この頃存在したのである。

色を変じた仏

仏像はさまざまな表現方法で、人間の未来を指し示してくれた。その一つとして、仏像が色を変えることもあった。

嘉元《かげん》三年（一三〇五）正月十四日、南都の福智院（奈良県奈良市）の地蔵尊の面の色が変わって墨のようになった。その色は晩に向かい常に復した。先年、女院が崩じられた時にもこの怪があったという。

過去の凶事の想起は、何か不吉な兆しとして仏像の顔の色の変化が認識されていたことを示す。この寺の地蔵尊は顔の色を通して、貴人などの死を告げているとの社会合意が醸成されていたのである。

光を放つ仏像

仏像の異変はこれに限らない。誰もが知っている奈良の大仏でも異変はあった。

文治《ぶんじ》二年（一一八六）七月十六日、東大寺の拝殿には参詣者が多くあった。戌刻《いぬのこく》（午後八時頃）ばかり、日が暮れたが山に月はまだ出ていなかった。常聞房叡俊《じょうもんぼうえいしゅん》が北面に礼拝していると、大仏の眉間《みけん》に少し光明が見えた。それはあたかも星の光芒《こうぼう》（一筋の光）のようであった。ひょっとしたら灯籠《とうろう》を高くかけたものか、それとも自分のひとみの眩転《げんてん》（目がくらんで周囲がぐるぐる回る）かなどと思って、他人に言わなかったところ、西院紀伊公《さいいんきのこれきみ》と勝恵《しょうけい》が同じく拝殿にいて、「光を見ましたか」などと密かに言った。その時不思議だとは思ったが、ほんの少しばかりで光が衰え、はっきりしなかった。他の人は少々見た者もあり、知らなかった者もいた。

閏七月八日の寅刻《とらのこく》（午前四時頃）、同じく大仏に星のまたたきのような光があった。光明は灯籠の下に至り、筋となってあたりを照らした。これを谷尼公が目撃した。

同じく十五日の夜、大仏に帰依した伊賀国の住人の八郎房覚俊《かくしゅん》が、夜通し大仏に祈り加護を願っていたところ、卯刻《うのこく》（午前六時頃）ばかりに光明があって、大仏の尊顔が烏のように黒く厳かに、たちまち明るく輝いた。また同夜、八幡宮に籠《こも》って常住していた巫女《みこ》が拝殿で修行をしていると、夜が大分更《ふ》けた頃、赤い光明があった。不審なので庭前に進んだが、なおその光があった。光は数刻に及び、忽然《こつぜん》として止んだ。一両人の僧が同じくこれを礼した。巫女は悲観して涙を流して泣いた。

同月二十一日の夕べ、一乗房観乗《かんじょう》が大仏の壇に昇ると、両眼の下の眉間のあたりにほんの少し光明があった。それは蛍が飛んで組み合うのに似ていた。直童の国頼《くにより》も光を目撃した。灯籠の火が目をくらましているのではないかと疑って、堂童子（寺院で寺内の雑役に従事する童形のしもべ）に灯籠を覆い隠させたが、なお光は元のように粲爛《さんらん》と輝いていた。それは石を敲《たた》いた時に出る火と同じであったが、しばらくすると見えなくなった。

大仏が光を放って人々に何かを知らせていると理解されていたことは疑いない。人間にとってそれは予兆となった。しかも発光は、本来神や仏の活動時間帯である夜に起きた。夜は神や仏の活動する時間帯と認識されていたからこそ、仏と接触しようと一晩中大仏の前で人々が祈っていたのである。その際に大仏は光という手段をとって訴えかけてきた。巫女が悲観して涙を流して泣いたのは、知らせの内容を災いと見たからであろう。

汗をかく仏像

異変として仏像が汗をかくこともあった。文治《ぶんじ》二年（一一八六）九月二十四日、九条兼実《くじょうかねざね》は平等院（京都府宇治市）に怪異があったことを知った。怪異は次の日も起き、翌日の平等院からの報告には、「今日午刻《うまのこく》（正午頃）、阿弥陀堂の仏、ならびに鏡より汗が出た。これは先例によると不快である」とあった。兼実は「もっとも慎むべし、慎むべし」と記している。二十六日に宗頼が泰茂《やすもち》・晴光《はるみつ》等の陰陽師《おんみょうじ》を召し連れて参入し、平等院の怪異を占った。占いの対象は、一つは去る十九日未刻《ひつじのこく》（午後二時頃）、鳥が本堂の明かり障子をつついて損じたこと（これが兼実が二十四日に知った怪異であろう）であり、もう一つは昨日午刻（正午頃）、仏が汗を出したことであった。その結果、鳥の怪は咎《とがめ》や祟りがないが、仏の汗の怪は火事や驚くこと、病事等を示していると出た。平等院の阿弥陀仏から流れた汗は、災害の兆しとして認識されたのである。

応永二十三年（一四一六）十二月二十五日、石清水八幡社（京都府八幡市）の護国寺の薬師中尊が未刻（午後二時頃）より申の半ば刻（午後五時頃）まで汗を流した。醍醐寺座主の満済《まんさい》は、先規がどのようであったか尋ねるようにと日記に書いている。

仏像に汗が流れるのは、仏がこの世に何か異変が起こることを人間に知らせようとしているのだと、人々は理解していた。しかもそれは多くの場合、災害などの良くないことを示していたのである。

崩れた供飯

寺では、仏像そのものの異変だけが問題にされたわけではなかった。元亀《げんき》四年（天正《てんしょう》元・一五七三）二月二十一日に、東寺（教王護国寺、京都市南区）の弘法大師像に供えられたご飯の西方が破れて崩れた。何事かと陰陽師有助《ありすけ》が占ったが、報告によれば、「吉事である。ただし例に従えば不快だ」とのことだった。

このように占いがなされたのは、供えられた物の異常に弘法大師からこの世への連絡を見たからであろう。そしてその背後には、弘法大師が供えられた物を拒否したのでこうなった、したがって何か悪いことが起きる前に、大師の意図を知りたいという意識が働いていたと推察する。

動く神体

寺での仏像の異変と同じように、神社では神体に異常が生じた。文和《ぶんな》五年（正平《しょうへい》十一・一三五六）正月元旦から五日にいたる毎夜、北野神社（京都市上京区）の御正体《みしょうたい》（御神体。神仏習合の考えによって神体である鏡に本地仏の像を示した鏡像または懸仏）が落ちた。また、二日には同社の御霊が南に向かって飛んだ。これも神が何かを告げているると解釈された。

神体ともいうべき霊石が異状を呈すこともあった。治承《じしょう》五年（一一八一）閏二月二十九日に、九条兼実は熊野那智（和歌山県東牟婁郡那智勝浦町）の御山に強盗が乱入して、住んでいた客僧がどこかにいってしまったため、荒廃の地となったと耳にした。それに関係して、近日、那智の滝の下の霊像の石（飛び滝権現と称されていた）が砕けてどこかにいったという。兼実はこれを「本山を魔が滅ぼす徴《きざし》である。悲しむべきことだ」と評した。那智大社の象徴ともいえる滝の下の霊石が消失したことは、この神社の未来に悪いことが起きる兆しと理解されたのである。

応永二十四年（一四一七）八月、比叡山（京都市北東に位置し京都府と滋賀県にまたがり、延暦寺がある）で石が破れる怪異があったため、禁裏の仙洞御所《せんとうごしょ》（上皇の御所）でお祈りが命じられた。二十三日から不動護摩が始まり、撫《な》で物《もの》（祈禱の折などに、身代わりに用いる人形や衣服）を出された。

具体的な状況はわからないが、比叡山で霊石が破れたので、人々は何か不吉なことが起きると解釈し、神を鎮めるためのお祈りがなされたのであろう。

神社などの磐座《いわくら》（神の御座所）で象徴されるように、岩や石には神が降臨するので、そこに神そのものを感じた。そうした霊石に何か異常が起きれば、神からの知らせであるとされ、占いでその意味を読み解き、神の意図に従ったり、神を鎮めようとしたのである。

社中の異常

神や仏と接触できる神社やお寺では、そこで起きた普通でない出来ごとも、あの世から人間の社会へのメッセージと解された。

血が流れる

建久《けんきゅう》四年（一一九三）十一月十七日の夕方、武蔵国太田庄の鷲宮（埼玉県北埼玉郡鷲宮町）の宝前に血が流れたため、凶を示す怪異だと幕府に報告があり、卜筮《ぼくぜい》が行われた。その結果、兵革の兆しと判断された。そこで、幕府は翌日鷲宮に神馬を奉り、社壇を荘厳《そうごん》にするよう命令した。神を鎮めて、兵革などが起きないように祈ったのである。

応永二十六年（一四一九）六月二十六日に仁科入道が満済《まんさい》のもとにやって来て、「このたび出雲大社（島根県簸川郡大社町）で起きた怪異を知って大変驚いた」といった。出雲大社での怪異は、一、二万人が綱を引いていると、綱が切れて奥の中に揺り出され、夜が明けて宮人等が見ると、御殿から血が流れていた。また御殿を開いたところ御剣が抜けて血が付き、御殿内にも血がみちていた。同じく仁科入道によれば、賀茂山（京都市上京区）の木が数百本一時に枯れたが、これもって外の怪異なので、社務所を作り替えたという。こうした出来ごとに対処するため、十八日からお祈りの行を始めた。

聖なる空間である神社において血が流れたので、人々は異変だと考えた。これは何か災いの知らせだと判断されたのである。

神社での流血は、不思議なことばかり起きるとは限らなかった。人間の営みのために社殿に血が流されることもあった。

死　人

正長《しょうちょう》二年（一四二九）七月十三日、伊勢外宮《げくう》（豊受大神宮、三重県伊勢市）の鳥居内で何人かの死人があったため社中が穢《けが》れ、争いのために社頭にも箭《や》が多く射立てられた。このようなことは前代未聞で、開闢《かいびゃく》以来例がないと神官等が朝廷へ注進してきた。事件は山田の神人《じにん》と地下人《じげにん》が徳政について争い、圧倒的に数の多い山田の地下人等がわずか三百余人の神人へしかけたものだった。神人は戦いに負けて社殿の前を頼んで逃れ籠ったが、地下人等が社頭をも恐れず、追いかけてきて社中が戦場となった。宮中が穢れたので、神宮は一人も出入りせず、御供《ごくう》（神仏への供え物）以下の神事も退転してしまった。いつも社家の重要な出来ごとは十人の禰宜《ねぎ》が宮中の請け印をもって注進していた。しかし社中が穢れて請け印を得ることができないため注進にも及ばず、祭主（伊勢神宮の神職の長）が内々に申し入れただけで、公家に事件はいまだ知らされなかった。とんでもない重事で、耳を驚かし肝を冷すしかなかった。また、仙洞《せんとう》（上皇の御所）に七夕の御花立て数十瓶を方々から恒例の規式として出したが、十二日に撤去した時、折卓の下に流血が三斗入りの升で三杯ばかりもあった。あまりに不可解なので、これはいったいどういう意味かと安倍有盛《ありもり》に尋ねたところ、占文では病事、口舌（南方より未申《ひつじさる》〔南西〕の方で起きる）、火事、以上の三カ条のお慎みと出た。血は何の血とも見えず不思議だったと季保《すえやす》が語ったが、外宮の事件はその翌日の十三日に起きた。

十二日の流血は、病事、口舌、火事の予兆と判断され、翌日伊勢外宮内で流血があったので、さらに良くないことが起こるのではないかと懸念されたのであろう。

甘露寺《かんろじ》親長《ちかなが》は、文明八年（一四七六）正月二十六日に春日社（奈良県奈良市）で、御供所の井戸に死人が飛び入る怪異があったと聞いた。また東大寺にある八幡社の頭上の瓦が三つ食い合って、橘の木に落ちかかり、枝が打ち折れた。さらに場所は不明ながら蛙合戦

（群れ集まった蛙が先を争って交尾するさま）があった。親長はこれらの条々はめったにない事件なので、藤原氏や源氏に不思議なことが起きる前の表われかと結論づけている。

開閉する戸

神社の宝殿の戸が人間の手によらずに、開閉するのも怪異とされた。宝殿は神をまつるところなので、神が自ら出たり入ったりしたことを意味し、そのような行動をとったのには何か理由があるはずだと考えたからである。

応永二十五年（一四一八）正月十日に、六条殿の後戸《うしろど》に位置する伊勢八幡社の戸が開いた（戸は二重で皆開いたという）。また烏が御堂の内に入った。これらは特殊な出来事なので、上皇は年始を隠密にした。在方が占うと、公家の御薬、御堂の炎上を示す怪異だと出た。そこで、六条殿において七カ日の大般若経《だいはんにゃきょう》転読がなされた。

正長元年（一四二八）五月、ちまたに東大寺惣国分寺の門が開いたといううわさが流れた。五月晦日に事実ははっきりしないと、尊勝院僧正の光慶《こうけい》から満済に申し入れがあった。この門は開かずの門で、昔、平将門《たいらのまさかど》が東大寺に居住していた時、ここから出て兵を挙げたので不吉だとされ、それ以来開けていないと言われていた。この門が開く時は、もっての外の重事、怪異であると申し伝えられていて、時日をめぐらさずに注進することになっていた。

嘉禄《かろく》二年（一二二六）二月一日辰刻《たつのこく》（午前八時頃）、鶴岡八幡宮で恒例の御神楽《おかぐら》をしている間、上宮の神殿の戸が開かないまま数刻に及んだ。そこで神主が子細を幕府に注進した。北条泰時は大変に良くないことが起こるのではないかと心配して、陰陽師《おんみようじ》等を召して尋ねた。陰陽師は神事が不浄不信のまま行われたからである。火事が起こるかもしれないので、配慮するようにと占った。

このように神の出入りする宝殿の戸の不自然な開閉は意味があるとされ、人々はそこに神意を伺おうとしたのである。

心の御柱の損壊

天皇家と関係の深い神社というと伊勢神宮（三重県伊勢市にある皇太神宮〔内宮〕・豊受大神宮〔外宮〕および別宮と摂・末社などがある）が想起される。伊勢神宮では心《しん》の御柱《みはしら》（伊勢神宮正殿の床下中央に立てられる柱。神霊が宿る柱として神聖視されている）などが倒れる異常があった。

建久元年（一一九〇）四月十六日の未刻《ひつじのこく》（午後二時頃）、祭主の能隆《よしたか》が内々に九条兼実《くじようかねざね》へ、大神宮の心の御柱が転倒したと連絡してきた。兼実は大いに驚いて、棟範《むねのり》をもって役夫工事のことを申しあげるついでに院に奏させた。十七日に院は「これにより立后を延引すべきだろうか」と、忠親《ただちか》ならびに師尚《もろひさ》、師直《もろなお》等に問われたが、おのおの「延引しない方が良い」と述べた。翌十八日の巳刻《みのこく》（午前十時頃）に神宮より心の御柱について奏状が到来した。そこで例を官外記《かんのげき》に問い、また軒廊御卜《こんろうみうら》が行われた。

弘安《こうあん》十年（一二八七）六月十五日にも軒廊御卜が行われた。これは神宮の心柱が壊れたこと、賀茂神社の回廊が焼亡したこと、祇園社《ぎおんしゃ》（八坂神社、京都市東山区）の神体が落ちたこと、粟田宮（京都市東山区）の樹が転倒したこと、などを占うものであった。

正応《しょうおう》元年（一二八八）正月十一日に心柱の飾が破損したこと、および松の木が倒れたことについて軒廊御卜が行われた。神祇官《じんぎかん》と陰陽寮が卜占《ぼくせん》して、「不信不浄により神事がいつもと違うためである。御薬および火災・口舌・闘争に注意するように」と述べた。

正応元年（一二八八）二月三日に外宮の古殿の心柱が破り取られたなどの神宮の変異のため、宴の穏座《おんざ》（大饗《おおあえ》などの時に正式の宴の後で、管弦舞楽を催し歓談を行う、くつろいだ席）、竪義《じゅぎ》（仏語で問答して学解を試みる法会）等をやめた。翌日、これについて軒廊御卜が行われた。

殿舎倒壊

神社にとって神の住まいともいえる社殿は極めて大事な場所であった。その社殿が倒れるようなことがあれば、神の特別な意志が働いていると考えざるを得なくなる。

文治三年（一一八七）九月十五日に軒廊御卜が行われた。この時の占いは、神宮の殿舎が風のために転倒したためであった。

治承四年（一一八〇）三月十九日、九条兼実のもとに南都に置いた下人が馳せ来たって、「去る夜の大風のため、南円堂（興福寺、奈良市登大路町）の黒木屋が転倒した」と報告した。相次いで僧正からも同じ知らせがあった。光長《みつなが》や宗頼《むねより》等は「先例を尋ねてから御沙汰をした方が良い。また兼実が方違《かたたが》えをしないので、方角の忌みが南にある。さらに今は土用である。こうした忌みがあるので陰陽師に尋ねるべきだ」と主張した。兼実は前年に九条家の門が風で転倒した時、陰陽頭在憲《ありのり》が「このような突然の非常の大事では、土用の方《かた》忌《い》みはそれほど意味がないので、即時に修復すべきだ。先達もこれを許している。ただし陰陽師には尋ねない方が良い。もし問いに預かれば禁忌を犯すだろうと言って非難するからである。近辺の火事で炎上する時、禁じられた方角に当たっていても火事から助かるために家などを破却し、火が消えてから修復するのと同じで、少しも憚ることではない。暴風の破損でも同じである」と述べたのを思い出し、忌みを避ける必要がないと判断して、「即時に下向し、もとのように南円堂を取り建るように」と命じた。翌日、図書頭在宣《ずしよのかみありのぶ》を召して、南円堂が転倒した意味を尋ねると、「病事がはなはだ重い」とのことだった。藤原氏にとって興福寺は氏寺なので、その建物の転倒は大変な意味を持ったのである。
ともかく神社や寺の建物に異状があれば、多くの場合は災いの前兆と理解されたのである。

宝殿破損　神社の殿舎が倒れるほどの大破でなく、その一部が破損した場合でも異常と判断された。

承安《じょうあん》三年（一一七三）正月十六日の夜、九条兼実のもとへ兼光《かねみつ》が宣旨を送ってきた。それには、「祭主の言上によると、豊受宮正殿、ならびに西宝殿の南西方の鞭懸《むちかけ》（神明造りの破風板の上部の、左右から四本ずつ突き出した小さな木）の木が各一支抜け落ちたので、例を勘じるように」とあった。十八日の早朝に頼業《よりなり》へ伊勢神宮からの外宮の鞭懸が抜け落ちたことを知らせる解状《げじょう》（上級官庁へ上申する公文書）が渡され、例を考えるようにと命令された。その後の占いで神祇官は「神事違例の不信不浄により致すところか」、陰陽寮は「公家御薬、怪所病事」と判断した。

仁治《にんじ》二年（一二四一）三月十八日の辰刻（午前八時頃）、春日社の二御殿の千木《ちぎ》（社殿などの破風の先端が棟上にのびて交差した木）東木口の金物が一つ落ちた。この報告を受けて、六月二十七日に天文博士安倍家氏《いえうじ》、陰陽博士賀茂在盛《ありもり》、主計助《かずえのすけ》安倍晴継《はるつぐ》、権天文博士安倍季尚《すえなお》、陰陽権助安倍良光《よしみつ》が吉凶を占ったところ、「神事が違例で、穢気があるためである。長者は御病事を慎しむように、盗失を聞くことになるかもしれない。また怪所に口舌があるかもしれない。そうした事件が起きるのは二十日の内、来月十月節中、ならびに壬《みずのえ》・癸《みずのと》日である。この期に至り慎み誡めるようにすれば、その科《とが》は自ら消える」と出た。

文安《ぶんあん》五年（一四四八）五月十七日に内宮正殿の覆い板・千木・鰹木《かつおぎ》等が落ちたと、後日になって社司などがいってきた。六月六日に軒廊御卜が行われ、神祇官も陰陽寮も大凶の兆しだと占った。

享徳《きょうとく》三年（一四五四）八月十二日の未刻（午後二時頃）に豊受大神宮正殿の千木二支、鰹木七、覆いの左右の板が崩れ落ちた。十八日に宮司からこの注進があったので、十月二十二日に中原康富《やすとみ》が勘文を出した。

倒れた鳥居

神社の神域を象徴するのが鳥居である。したがって鳥居も神社にとっては極めて重要な装置である。この鳥居に異常が見られれば、それもまた災いの知らせかもしれない。

正平《しょうへい》七年（一三五二）十一月二十二日に、百度大路の八坂神社（祇園社、京都市東山区）の大鳥居の南の柱が大風のために転倒した。この鳥居は元徳《げんとく》二年（一三三〇）に広峯の所役として、晴喜《はるよし》が造進したものであった。翌日、転倒した鳥居の柱を社内に取り置いて、公人等に沙汰をした。二十四日から天下静謐《せいひつ》・社頭安穏の祈禱のため、門弟十一人をもって、毎日三部を三カ日の間転読し仁王講をすることになった。

応永二十六年（一四一九）六月二十三日から将軍足利義持《よしもち》が石清水八幡宮に参籠した。翌二十四日の戌刻《いぬのこく》（午後八時頃）、八幡の東の鳥居が転倒したと田中融清法印《ゆうせいほういん》から満済に注進があった。満済は将軍が参籠中なので驚いたが、関東での怪異かと考えた。

永享七年（一四三五）二月二十日に春日社一の鳥居の榊《さかき》が転倒したと、二十八日に社家が朝廷に注進してきた。三十日にその対応を官外記に尋ねられたので、各々が「榊の転倒はその例がない。ただし応永二十七年（一四二〇）十二月六日に二の鳥居が転倒したが、沙汰は無く、天下にも特別なことはなかった」などと申した。このたびもそれに準拠するのがよいであろうと伏見宮貞成《さだふさ》親王は記している。

転倒・破損する門

神社の周囲には瑞垣《みずがき》や塀などが設けられ、社域を区画し、所々には門が設けられた。それは神域と世俗との境界ともいえる。この門の倒壊や破損は重大な事件であった。

建久元年（一一九〇）九月六日の夜、神宮から瑞垣御門が転倒したと天皇に申しあげる奏状が到来した。九条兼実は「先月二十七日付けの奏状が六日の夕刻に届いたのははなはだ怠慢であるが、ともかく転倒の例を問い、御占を行わるように、また明後日に修造の日時を勘じ下すように」と命じた。

永享四年（一四三二）六月六日に将軍足利義教《よしのり》が満済に、「神泉苑《しんせんえん》（平安京内裏造営の際に設けられた庭園、京都市中京区に苑池の一部が残る）の門の下が破損したのは良くないことだから、早々に修理を加えよと東寺に命ずるように。また築垣が少々破損したが、この築地の破損は洛中の衰微を象徴しているので山名に申し入れ、修理を加えさせるように」と伝えてきた。

神泉苑の築地の破損が、洛中の衰微とつながって意識されていたことは注目される。

穴ができる　異変は神社の建物だけではなく、境内の地面にも起きた。応永二十三年（一四一六）五月二十一日に重有《しげあり》から満済が聞いたところ、世間で春日社と日吉社に怪異があるといっているという。春日社の宝前のあたりに穴が一夜のうちにできたので、どのくらい深い穴か、棹《さお》を差し入れて深さをはかってみると、二丈（約六メートル）もあった。また日吉社（滋賀県大津市）では五月の神輿《みこし》出御の時、鳩が一羽飛んで来て神輿の轅《ながえ》に当たって胸を突いて即死した。日吉社ではこうした事件が希《まれ》にあるという。さらに鹿が一頭が死んだなどと注進してきた。八幡にも怪異があったが、社務は何事も報告しなかった。北野天神は衆生《しゅじょう》（生命のあるすべて、特に人間）に代わって病気になっているというので、貴賤が参詣し和歌や連歌を万人が奉納した。加えて去る春のころより、三井寺（園城寺、滋賀県大津市園城寺町にある天台宗の寺）に湖上より御灯を進ずると櫛戸のようであった。これは天下寺家の怪異で、先例では同様なことのあった時に三井寺が炎上したという。

神社の社域内で起きた異常は神の知らせであった。特に大地に穴があくことは、地下が人間にとって他界である以上、大地からも知らせがあったことになり、二重の意味で特別であった。

飛んだ光

嘉吉《かきつ》三年（一四四三）二月二十三日に伏見宮貞成親王は、「去る五日に八幡の宝殿から光物が二つ飛び出して、一つは南へ飛び、一つは北へ飛んだのを社司などが見た。光は天には入らず、下へ落ちるように見えた」などと聞いた。親王は「天下の怪異か不審」と記しているが、宝殿からの光の出現は、神が何か伝えていると理解されたのである。

寛正《かんしょう》六年（一四六五）六月二十八日。東寺の鎮守である八幡宮内に光があった。

文明七年（一四七五）八月六日の夜、日吉社（大宮八王子社と言う）より光があった。それはまるで松明の火のようで、連続して琵琶湖の湖水に入った。

応永《おうえい》二十六年（一四一九）七月十六日、尾張の熱田社（愛知県名古屋市熱田区）に世にも珍しい怪異があった。その日は風雨が思いがけず激しかった。海面が二十町ばかり光り、大きな光物が社頭に飛び込んできたが、その光が通った道の民屋はことごとく転倒してしまった。その後、社頭で少女が託宣《たくせん》（神仏が人にのりうつったり、夢の中に現われたりして、意志を告げること）して、種々の神託を告げた。光物は伊勢神宮の神様が仮の姿を取って現われたものだといわれた。このたび異国が重ねて攻め来た（応永の外寇《がいこう》。倭寇に悩まされ続けた朝鮮がこの年に兵船二二七隻、兵一万七〇〇〇人の大軍をもって倭寇の根拠地とされた対馬に襲来した）ことについて、山田（三重県伊勢市）が不浄なので、この社頭において評定したもので、八幡の神様も来臨されたという。

倒木

神社の境内には木々が生い茂っている。神社で神木として神に捧げられる榊が、神の依《よ》り代《しろ》（神霊が現われるときに宿ると考えられているもの）としての役割を持っていることに象徴されるように、境内の木々は神の宿る神聖なものとされた。その木が倒れたりすることも、神からの知らせだった。

承安二年（一一七二）十月八日に、神宮で起きた三つの怪異を占うために、軒廊御卜が行われた。その三つとは、外宮の内院の直会殿《なおらいどの》（神社に付属する建て物で神官が集まって直会をする所）の北方にある松の木が一本転倒したこと、内宮の正殿の葺《ふ》き萱《かや》の上に茸《きのこ》が生えてきたこと、内宮の正殿東方の棟持ち柱ならびに壁の柱が朽ち損じて低下したこと、であった。

嘉暦《かりやく》四年（一三二九）八月二十九日に伊勢桜宮の桜の木が倒れた。このために杖儀《じょうぎ》（内裏の陣の座に公卿が集まって行う政務についての評議）が行われた。またこの年には咳病が流行して多くの死人が出たために、改元の定めがなされ、嘉暦を改めて元徳《げんとく》とすることになった。

永享《えいきょう》三年（一四三一）六月十五日、醍醐寺の満済のところに東寺の宝清《ほうせい》法印と快寿《かいじゅ》僧都がやって来て、「夜前子の半ば刻頃（深夜零時）に、鎮守の八幡宮社頭の後ろの大松の木が転倒して、御殿の上を覆ってしまった。社殿は破損しなかったが、松の除去は御殿に昇らなければできない。そこで、遷宮をしなければならないと一同が申した」と述べた。満済は「木の転倒には驚いた。公方《くぼう》（幕府）から費用を得がたい時節なので、先にこの倒れた木を何とか取り除くべきだ。遷宮がある場合には、費用などをどれくらい行事に下さるか注進するように。遷宮は密々の儀なので神前において御鬮《みくじ》を取ったらどうか」と言った。両人は「倒木を取り去るのは大切なので、寺家で種々に談合評定したが、御殿に昇らずにはできないため遷宮は必定である。次に御鬮は先例がないのか、もしないならば只今の儀はいかがしたらよいのか。遷宮の費用の多少は応永十五年（一四〇八）八月の状況を注進する」と申した。そこで重ねて「御鬮の先例は御存知の内である。宝清法印一人が内々に神慮を伺うため御鬮を下すべきだ。倒木の除去は、明日番匠《ばんじよう》を遣わして調べさせるように」などと命じた。山上より両年預《ねんよ》（雑務を扱った職）が、「この間、虫損の山の木の内に少々緑が生え立ち、まっすぐな木が見えた。しかし過半は枯れたようだ。祈禱のために千反陀羅尼《だらに》を両度、両本地供を各百座等、精一杯一山が懇祈をするつもりである。この間また閼伽井《あかい》（仏に手向《たむ》ける水を汲む井戸）の大杉にこの虫がついて食いつくし、枯れたように見えるので驚いている。以前の虫は大蝗虫《こうちゆう》（いなご）に角のようなものが二つ生えた形だった。今は羽のある虫である。その体ははっきりと見ていない。杉の葉を食う音が風の吹く音のようだ」と注進してきたので、「なおねんごろにお祈りをし、来る十七日より別にまた心をこめて念ずるように」と命じた。

永享六年（一四三四）七月十一日以前に、天皇は六条の八幡宮、三条の八幡宮などの木が転倒したと耳にした。十一日の朝また北野社の木が倒れたので、御祈謝《きしゃ》（感謝の気持ちを神仏に捧げること）の儀をした方が良いと連絡があった。これについて在方の勘文では「口舌・病事、特に辰・戌・子・午年に生まれた人は慎むべきだ」とあった。

木が枯れる

木の異常の一つに枯れることがあった。「寺や神社での知らせ」の「血が流れる」で、応永二十六年（一四一九）に賀茂山の木が枯れたことについて触れたが（七四ページ）、神社の境内や神域の木が枯れると、災害など何か起きる兆しと思われた。その代表が奈良の春日山であった。

明応《めいおう》三年（一四九四）、春日山の木が枯れた（その数は八四五株という）。このために七カ夜の御神楽が春日社において行われた。

永正《えいしょう》三年（一五〇六）九月十八日（十五日あるいは二十日とするものもある）に春日神社の社司が、「この頃春日山の木が多く枯れた（二千余株という）」といってきた。その後、これについて閏十一月二十五日夜から、七日夜の御神楽を春日社において行うようにと決められた。

大永《たいえい》五年（一五二五）六月にも春日山の木が多く（六九〇株という）枯れたため、春日社で二十日夜より七カ夜の御神楽が行われた。

元亀《げんき》三年（一五七二）五月二十二日に、朝廷で御占（密議。軒廊の儀ではなかった）がなされた。これは春日山の木が七五〇〇株も枯れたためである。占文によれば、「来たる六月、十一月等に天下に疫病がはやる」とのことであった。このために天皇が慎まれ、御祈禱を諸社（神宮、賀茂上・下、松尾、稲荷、広田、吉田）、寺（仁和寺、青蓮院、曼殊院座主と言う、聖護院、大覚寺、三宝院）に命じた。

木が燃える

異変といえば、境内の木が焼けることもあった。文明十一年（一四七九）十月十二日に平野社（京都市北区）から怪異があったと上申書が出た。神宮寺のかたわらの杉の大木が、木の内から煙を出したので驚いて見ると、炎上していた。これは希代《きたい》のことであった。十三日に平野社の怪異について勾当内侍《こうとうのないし》が奏聞に付した。天皇からは「先例を尋ねるように」との命令があり、十六日に平野の怪異について両局から勘例が到来した。

大木はそれ自体が神木とされることが多い。特に松や杉のような常緑樹は神の降臨する木と意識された。社内の木が理由もなく焼けると、神の行為とみなされ、そこにどのような意味があるのかを占いで知ろうとしたのである。

変色する池の水

多くの神社や寺には池が設けられている。水はすべての生命の源であり、穢《けが》れたものをも洗い清めてくれる。こうした水の特別な力と、池の持つ雰囲気もあって、神社の池は神霊池などとして信仰の対象になっている。その池に異変が起きると、何かの兆しとされた。

永享九年（一四三七）四月二十八日の午刻《うまのこく》（正午）に、伊勢外宮の池の色が黒く変色した。社人がこれを見て驚き、祈謝したところ、夕方には元のように水が澄んだ。社家においては、先例がないと朝廷に注進した。そこで五壇法以下のお祈りが行われた。

江戸時代に甲斐の秋山（山梨県中巨摩郡甲西町）の光照寺には小池があった。地元の言い伝えによれば、国に変がある時は必ずこの池の水が血の色に変色し、山梨の御室山《みむろやま》（山梨県東山梨郡春日居町）が鳴動するという。また、長野県北安曇郡美麻《みあさ》村の土井戸の池は、昔女蛇が住んでいたと伝えられ、今でも何か天災地変や不吉なことのある時には、この池の水が赤黒く濁るといわれている。地震の前触れとして池の水が濁るとはよく聞く話であるが、井戸や池の水の変化は現在に至るまで、予兆として注目されているのである。

涌き出した水

神仏への祈願や祭の際などには、冷水を浴びて身を清める水垢離《みずごり》を行う。これと同じ行動に禊《みそぎ》もある。私が子供の頃には、御盆《おぼん》の供え物や七夕の飾りを川に流した。同時に水の源ともいえる雨は、あの世である天空から降り、あの世の海に流れる。このように水は穢れなどを洗い流すと共に、あの世とこの世とを結びつける特別な力を持った。中世ではそうした水が突然涌《わ》いたりすると、何かの予兆とされた。

永享元年（一四二九）十二月十九日に満済は室町殿において、十二月五日付けの無動寺《むどうじ》の法印権大僧都承秀《しょうしゅう》より、青蓮院《しょうれんいん》（京都市東山区）庁務の伊予法眼《いよほうげん》あての注進状を見せられた。それには「本堂内陣の戌亥《いぬい》（北西）の方の隅、大威徳《だいいとく》（大威徳明王の略、五大明王の一つ）の後ろに当たる場所に水が少し涌き出した。先月二十四日これを検知したけれども、出水の実否がはっきりしなかったので、軽はずみではいけないと思い文書でお知らせをしなかった。しかしながら新たな水がたまり、数日のうちにある時は流れ、ある時は湛《たた》え、いまだ乾かない。これは希代の次第である。ことに山訴のみぎりや一谷安否の時分に、このような瑞相吉凶はどうだろうかと思い、精誠の懇祈をして、驚いて注進する。急ぎ憲法の使者をもって御見知りに預かり、上聞に達せられるように御披露してほしい」とあった。

仰せは、「涌き出す水のことは吉凶が誠に覚束《おぼつか》ない。在方・有盛・有富、三人に考え調べて申し出るように、門跡として命じなさい」とのことであった。満済は坊に帰って光意《こうい》法印をもって在方に尋ねたが、「時刻が記されていないので、調べられない」と言ったので、伊予法眼へ連絡した。

二十三日に無動寺より水が涌き出した時刻を、十一月二十四日の酉刻《とりのこく》（午後六時頃）だと注進してきた。この時付けを基礎に在方以下の三人が勘文を出した。在方の占文には、「口舌・兵革のお慎みがある。しかしながら、異朝でも我が朝でも水が涌き出すのは吉例である。ことに大威徳は西方を掌している。金水和合になるので、もっとも珍重だ」などとあった。有盛と有富は、「東より辰巳（南東）の方に、口舌・兵革のことを聞くかもしれない」などと占った。

灯籠の火

神仏に供えた灯明などは、捧げられた段階から神仏の所有に帰し、人のものではなくなっており、それ自体に特別な力があると思われた。そうした神に捧げられた光が消えることがあった。

正長二年（一四二九）七月二十四日、東大寺大仏の御灯が去る二十一日・二十二日の両日ことごとく消滅したとの注進があった。満済は、去年の四月にも灯火が消滅したが、その七月に称光天皇が崩御された。したがってこれはおよそ不快というべきかとしている。今度は香炉の火が消えなかったので、天王寺の火を取ってきて付けるには及ばなかった。

諸社に怪異が起きたので、将軍の命として翌二十五日からお祈りの行を始めるように、醍醐寺等に触れられた。

文明十三年（一四八一）五月十八日に多武峰《とうのみね》（奈良県桜井市、藤原鎌足の子定慧《さだえ》が亡父を改葬し、墓に十三重塔と、それとは別に大織冠《たいしよくかん》廟を建てた。塔を拝する妙楽寺と、廟を拝する護国院の二つを合わせて多武峰寺と呼んだ）神前の常灯が滅びたままだと、後日に多武峰寺からいって来た。陰陽頭の有宗《ありむね》が占いをすると、御薬および損亡の兆しと出た。

鳴動する塚や神社

将軍塚

「天の知らせ」の中の「異常な光」で、応永《おうえい》三十四年（一四二七）に御陵が鳴動したことを見たが（三一ページ）、中世では神社や塚が鳴動して、さまざまな事件の発生を知らせるとの意識が広く存在した。

その代表が京都市東山区の華頂山上にある将軍塚である。この塚について『平家物語』は、桓武天皇が平安京を営んだ時、大臣・公卿や諸々の道の才人に相談して、この都が長久であるようにと、土で八尺（約二・四メートル）の人形を作って、鉄でできた鎧と兜を着せ、同じく鉄でできた弓矢を持たせて、東山の峰に都を見下ろすように西向きに立てて埋めた。末代にこの都を他国に移すようなことがあったら、守護神となるようにと約束をしたので、天下に異変が起ころうとする時には、塚が必ず鳴動する。この塚は将軍が塚といって今も存在している、と説明している。

『太平記』によれば、貞和《じょうわ》五年（一三四九）二月二十六日の夜半に将軍塚がものすごく鳴動して、虚空に兵馬の馳せ過ぐる音が半時ばかりした。京都中の貴賤が不思議の思いをなして、何事が起きるのであろうかと胆を冷やしていたところ、翌日の二十七日午刻《うまのこく》（正午）に清水坂《きよみず》からにわかに失火して、清水寺（京都府東山区）の本堂・阿弥陀堂などが一宇も残らず炎上した。火災は世の常だが、風も吹かないのに炎が遥かに飛び去って、厳重の御祈禱所が一時に焼失したのはただ事ではない。天下に大変がある時には、霊仏・霊社が火事になるのはいつもの象徴である。

応永二十八年（一四二一）十一月二十九日に清水寺の塔供養があり、童が舞った。この間将軍塚が鳴動したが、これは天下に物言いがあるためだと人々は語った。また同六月三日に八幡の御殿が辰刻《たつのこく》（午前八時頃）より酉刻《とりのこく》（午後六時頃）まで鳴動し、神鏑《しんてき》が声を添えて京都を目指して鳴っていった。

多 武 峰

寺社の鳴動としてよく知られる事例の一つが、多武峰《とうのみね》の藤原鎌足の墓と像である。

承安《じょうあん》二年（一一七二）十二月二十五日に摂政より九条兼実《くじょうかねざね》に、多武峰の御墓鳴動の怪異についての占形を送ってきた。それによれば、この度の鳴動は今年の内に戦争や病事があることを意味していた。

治承《じしょう》四年（一一八〇）八月五日に頼高《よりたか》が摂政の使いとして、多武峰で藤原鎌足の像（大織冠像）が破れた怪異の占形を、九条兼実のもとへ持ち来たった。占いによれば、氏の長者および氏の公卿で己亥年《つちのとい》に生まれた人は病に気をつけるべきだとあった。兼実および大将が、その年にあたっていた。

文治《ぶんじ》三年（一一八七）二月十四日に多武峰の怪異により占いを行った。陰陽師の在宣《ありのぶ》が占ったところ、不快とのことであった。

大永《たいえい》四年（一五二四）正月二十四日に多武峰の社頭が鳴った。三月十六日に峰寺から、「去る正月に社頭が鳴ったことについて、占文を召すべきである」との連絡があった。翌十七日に陰陽頭の在富《ありとみ》が、「穢気・不信・不浄のために鳴った。これは天下に疾疫および御薬以下の兆しである」との占文を進上した。関白の尹房《これふさ》がその勘文を峰寺に渡した。

多田院

多武峰と並んで有名なのが多田院（兵庫県川西市にあるもと寺院で、現在は多田神社。天禄《てんろく》元年〔九七〇〕源満仲《みなもとのみつなか》が創建）であった。

応永三十二年（一四二五）閏六月十三日、多田院の源満仲の御廟《ごびょう》が鳴動したので、将軍から醍醐寺の満済へ「お祈りを本坊で始めるとともに、方々へも申し伝えよ」と命令があったので、そこで明日より行を始めるように、聖護院、如意寺、実相院、浄土寺、地蔵院、竹内花頂、金剛乗院、岡崎僧正、若王寺、理性院、水本、金剛王院、妙法院、大覚寺門跡に連絡した。満済も十四日より多田院御廟鳴動のお祈りを、愛染護摩《あいぜんごま》金剛院において勤修した。

応永三十三年（一四二六）十月二十九日に将軍より満済へ、「先月二十三・四・五日の三カ日の間、多田院の御廟が鳴動し、二十五日は一日中に十カ度も鳴動に及んだとの注進があったので、お祈りを勤仕すると同時に先々方々へ申し遣わすように」と連絡があった。さらに十一月一日には、「多田院鳴動については、占文の趣が病事以下の不快と出た。これらをもって相応の法を祈念するように。また方々へも同じく触れ知らすように」と命じられた。朔日より始めた多田院御廟鳴動のお祈りの行は、十一月二十一日の暁に結願《けちがん》した。

満済は応永三十四年（一四二七）十一月十四日より、多田院御廟の鳴動に関してお祈りを始めた。二十三日の夕より御廟鳴動のお祈りとして、重ねて愛染護摩を勤修した。二十三日に満済のところへ将軍の使いが来て、「多田院御廟の鳴動のお祈りを延修するようにと、将軍が昨日清水の御参籠所において仰せ出された」と述べたので、十二月四日から重ねて勤修した。十二月十三日に奉行松田対馬守より書状で教源法橋《きょうげんほっきょう》方へ、「多田院御廟の鳴動のお祈りの結願は、来たる十九日だと方々へ触れるように」と連絡して来た。

春日社・山　奈良の春日社でも鳴動はあった。文治三年（一一八七）四月九日、九条兼実が出仕する以前に宗頼が参上し、陰陽師《おんみようじ》を使って去る六日に春日社の御山が鳴動したことを占った。十日に昨日また御山が鳴動したと春日社より連絡があった。連日陰陽師を召すのは、すこぶる憚《はばか》りがあるので使者を派遣して内々に質問した。十一日に兼実は春日社の怪異の物忌みをした。五月二十四日、兼実の出仕以前に宗頼が陰陽師の業俊《なりとし》、宣平《のりひら》などを召し連れて参上したので、春日の怪異の意味を尋ねると、長者に病事・口舌の気があるので、丙《ひのえ》・丁《ひのと》の日には慎むようにとのことであった。

八幡山　石清水八幡の山も鳴動した。応永二十七年（一四二〇）正月十日の早朝に八幡山が数カ度にわたって鳴動した。伏見宮貞成親王は「天下の怪異なので、何事が起きるのだろうか」と記している。八幡山は翌年の十月十八日にもまた鳴動した。

応永三十一年（一四二四）六月二十三日には、八幡に関連して神人《じにん》が蜂起していた。彼らは昨日の夕立の後、石清水の社壇を取り、薬師堂を占拠したが、その時御山が震動した。

薬師堂の本尊以下の仏たちを取り出し、御堂の柱に逆さに縛り付け、調伏のように起請した。彼らは「訴訟がかなわなければ薬師堂に放火をする」と、大松明《たいまつ》を御堂の軒に立ち並べた。神人に夢想《むそう》（夢による神仏のお告げ）があったので、それにしたがって白蛇四筋を並べて薬師堂に入ったが、これは神人を擁護する奇瑞ではないかと、八幡より来た人がいろいろ申した。社務は上皇の御贔屓《ごひいき》なので、改め替えは仕方ないと仰せられた。また、昨日夕立の時分に北野の宝殿が鳴動し、その後光物が出て南を指して飛んだが、これは御霊が八幡へ飛んだのではないかとのことであった。

文明十八年（一四八六）九月二日、京都では雨が降って、夜に入って大風が吹いた。その頃八幡山が二度にわたって鳴動し、輝くものがあった。鳴動の音は諸人が聞いた。当座は雷鳴と思ったが、後に八幡山だとわかった。

諏訪社

鳴動は近畿だけではなく、地方の神社として有名な諏訪社の上社《かみしゃ》（長野県諏訪市）でもあった。

『神使御頭之日記《しんしおとうのにっき》』によれば、天文《てんぶん》九年（一五四〇）霜月八日の亥刻《いのこく》（夜十時頃）に諏訪上社の宮がものすごく三度鳴った。翌年の天文十年（一五四一）三月下旬、上社の上の坊の裏にある立石が五日・六日うなった。記録者は昔、諏訪上社と下社で争った時にこのように鳴ったと記している。また同じ記録には「この年七月の御射山《みさやま》上増の夜に原山がことごとしく鳴った。諏訪頼重《よりしげ》はこれを気にかけて神馬を奉納された」とある。さらに「守矢《もりや》文書」の一点には、「去る丑歳《うしのとし》（天文十年）、武田信虎様に御合力のため、頼重が海野《うんの》（長野県小県郡東部町）へ出張の時、黒馬を神長方へ給われた。その後、原山がことごとしく鳴ったので、黒馬を禰宜《ねぎ》方へ納められた」との記載がある。

ちなみに、ここに出てくる諏訪頼重は天文十年（一五四一）に武田晴信（信玄、信虎の長男）のために滅ぼされた。諏訪上社は諏訪氏の氏神としての要素が強いので、この時の鳴動は諏訪氏の危機を知らせたと理解されたのである。

その他の神社

鳴動した神社は以上の例にとどまらない。その一端を見ておきたい。建《けん》久《きゅう》二年（一一九一）十月二十二日の子刻《ねのこく》（深夜零時）に常陸国の鹿島社（茨城県鹿嶋市）が鳴動した。その音は大地震のようで、聞く者の耳を驚かした。「これは兵革ならびに大葬の兆しだ」と、禰宜の中臣広親《なかとみのひろちか》が鎌倉幕府に連絡してきた。そこで幕下は謹慎し、鹿島六郎をもって神馬を奉納した。

弘安《こうあん》三年（一二八〇）の夏、尾張の熱田社（名古屋市熱田区）が鳴動した。同時に神火が松明のようになって数千も伊加古崎に連続して見えた。文永《ぶんえい》（一二六四〜七五）の初めにこれとおなじ奇異があり、その時には蒙古が攻めて来たという。

弘安五年（一二八二）三月十九日の夜、金峰山《きんぶせん》の子守大明神（吉野水分《みくまり》神社、奈良県吉野郡吉野町）の御正体《みしょうたい》十五面が中壇に落ちた。同時に若宮が鳴動した。二十八日には賀茂社の怪異と金峰山の御正体が落ちたこと等により、軒廊御卜《こんろうみうら》を行うことになった。

明応《めいおう》二年（一四九三）十一月十四日に松尾社と多田院が鳴動した。甘露寺親長《かんろじちかなが》は「諸所鳴動、怪異ただ事に有らず、恐懼恐懼《きょうくきょうく》」と記している。

鳴動した寺

あの世の住民が鳴動によって人間に何かを知らせようとすることは、神社だけではなく寺でもあった。

治承四年（一一八〇）正月十三日に法性寺（京都市東山区にあった天台宗の寺）の座主が九条兼実のもとに来て、去年西塔の釈迦堂の本仏、ならびに七社の御正体が動揺なされた子細について語った。詳細はわからないが、この動揺は鳴動と同じで、何か特別なことと意識されていたものであろう。

応永二十一年（一四一四）六月六日に山門（比叡山延暦寺）中堂の円鏡が落ち、堂内が鳴動した。占ってみると、兵革・病事等が起きると出た。そこで五壇法（天皇や国家の祈りに際して、息災・増益・調伏のために五大明王を東・南・西・北・中央の五壇に祭って行う密教の修法）を行うようにと、申し入れた。

永享《えいきょう》三年（一四三一）七月十四日に諸社に怪異があった。それは伊勢内宮と外宮の宝物が紛失したこと、八幡社頭の杉の木が枯れたこと、東寺が鳴動して寺内の大木が折れたことであった。東寺でも鳴動があり、それが怪異と認識されたのである。同じ東寺では、寛正《かんしょう》五年（一四六四）五月二十二日に鎮守八幡宮が鳴動した。このために執行等が内陣に入り調査したところ、物が多く破損していた。さらに、文明十二年（一四八〇）二月二十六日には東寺の三鈷《さんこ》松が震動した。

応永二十二年（一四一五）四月五日に将軍が勝定院（京都市下京区）に渡御された。先に本坊において加持の沙汰があった。北斗法開白、尊師御影供をしたがその時に像が鳴動した。午刻（正午）に地震が起き、雷鳴のような音がした。

寺社と人間

氏と寺社

寺や神社での異変への対応の仕方を見ると、天や大地の異変に比べるとさらに多様であることに気づく。朝廷の軒廊御卜《こんろうみうら》が行われたのは、伊勢神宮関係のものなどに限られ、全体として少ない。幕府の場合も同様である。天の異常や地の異常などでは、即座に国家的な対応がなされていることからすると、動きが緩慢である。

一方で注目されるのは、春日神社での異常や多武峰《とうのみね》の鳴動が藤原氏の動向と結びついていたことである。これは源氏と多田院、さらには諏訪氏と諏訪社の関係にも見られる。つまり氏寺や氏神では、氏子の安全にかかわるような事がらを、何らかの手段で神や仏が伝えようとしているとの意識が中世の人々にはあったのである。見方によっては伊勢神宮も皇室の氏神なので、そこで起きた異状が直接国家と結びつけられたのかも知れない。

つまり、中世にあっては実質的に先祖の墓や氏神が氏族の紐帯としての役割を持ち、特に氏人の構成員が災害などにあう時に何らかの手段で知らせてくれると意識されるほど、心理的に重要だったのである。

地域と寺社

ここまでの事例は記録などが残っている、いわば政界中枢にいた人たちに関するものである。しかしながら矢田の地蔵が動いたり、東大寺大仏が光を放った例などは、信仰者を神仏が加護してくれることを示す。信仰する人の前には神や仏は平等だったのである。つまり氏族に関係なく、信仰者は神や仏によって守られるわけで、地域の小さな寺社などはこの考えによって、地域を救ってくれることになる。地域を守ってもらうためには深い信心が必要であるが、逆に地域が一丸となって信仰すれば、地域全体が守られる。この相互意識がまた地域住民を結びつける絆《きずな》にもなったのである。

鎌倉時代に一宮《いちのみや》は全国に広まり、中世には各国ごとの一宮が実態として人々を結びつけるようになっていた。したがって、中世の人々は伊勢神宮や熊野神社などといった広域の信仰を集める神社、各国ごとの一宮、さらに国の中で広域な郷などに信仰圏を持つ神社、地域ごとの神社・氏神など、重層的に神によって守られているとの意識があったことになる。これは寺の場合でも同じである。

このような状況であれば、災害などの予兆も重層的になされていたものであろう。

動植物へのまなざし

動物の動き

人間の周囲にはさまざまな動物がいる。それらの中には神の使いなどとされ、動きに注意が払われたものがある。猿から見ていこう。

猿

応永《おうえい》二十年（一四一三）の十一月から翌月にかけて京都で異変が相継いだ。十一月十五日の卯刻《うのこく》（午前六時頃）に大地震がみまい、辰刻《たつのこく》（午前八時頃）まで五、六度も鳴動が続き、亥刻《いのこく》（午後十時頃）にも鳴動した。十七日亥刻にも小さな地震があった。このため、十二月二日に朝廷は天変地妖《てんぺんちよう》のお祈りをするように触れさせ、五日からお祈りが始まった。六日の夜、天変と思われる光物が北から南へと飛んだ。その上に八日、山門（比叡山延暦寺）の中堂に猿が入る怪異があった。この場合、さまざまな怪異の中の一つとして、猿が山門の中堂に入ったことが挙げられているのである。

応永二十二年（一四一五）正月二十三日、山門の大宮御殿の上に首のない猿の死体があった。大宮御殿の上に猿がのぼることは怪異で、内野合戦の時などにも同様なことがあったが、今回の事件は前代未聞だった。

山門では猿の特別な動きが、今後異常事態が起こる兆しとして注目された。猿は日吉神社の使者として知られる。日吉神社は俗称山王権現《さんのうごんげん》と呼ばれ、祭神の大山咋神《おおやまくいのかみ》は比叡山の地主神といわれる。したがって延暦寺にとって猿は特別な動物で、その動きがそのまま神の動きと理解されたわけである。

猿は現在でも山の神の使い、厩《うまや》の神、庚申《こうしん》の使いなどとして、信仰対象になっている。猿の夢は凶だとか、猿が川渡をすると不幸があるとか、猿の夢や行動などを見て吉凶を占う俗信は各地に残っている。

犬

人間ともっとも密接な関係にある動物の一つが犬である。犬の動きも注目されていた。

承安《じょうあん》二年（一一七二）五月十一日の昼に天皇の御座の御剣の緒を犬が食い切ったので、非常事態だとして、陰陽師《おんみょうじ》を召して御占をさせた。その結果、公家に御薬ならびに火事の気が出たので、来たる十六、七日、物忌みを堅固にするようにということで、公卿以下が籠った。

安貞《あんてい》二年（一二二八）九月二十日、鎌倉の竹御所の寝殿の南面の格子の内に、犬が一疋忽然《こつぜん》として出てきて、畳の上に伏した。女房がこれを怪しんで卜筮《ぼくぜい》すると、火事または病事が起きると出た。

応永二十六年（一四一九）正月十七日に犬が天皇の常の御所に入り、縁際の中柱に小便をしたので、怪異かと不審であった。二十日に満済《まんさい》がこの事件について在弘《ありひろ》に尋ねたところ、病事や火事の予兆だから、慎むようにと言った。そこで満済は犬の不浄を除く祈禱をするために、二十二日に法安寺（京都市伏見区）の良明《りようめい》を招き、三カ日の間仁王経を読ませた。

それから二カ月も経たない三月十日の朝辰刻（午前八時頃）、常の御所に再び犬が入って奥屏風に小便をした。正月にも犬が常の御所に入る不浄があったので、重ねての怪異として不審なので、在弘がお祓いを献じた。

憑《つ》き物《もの》の一つとして犬神があるが、犬もまた霊的な存在として意識されてきた。そして現在でも犬の駆け込みは縁起がいいとか、犬の夢を見ると悪いとか、その行動や鳴き声などで吉凶が占われている。

鼬

今ではほとんど見ることのない鼬《いたち》も、近代までは比較的身近な動物で、その動きも予兆に利用された。

『平家物語』によると、治承《じしよう》四年（一一八〇）五月十二日の午刻《うまのこく》（正午）頃に、御所の中で鼬がおびただしく走り騒いだ。法皇は大いに驚いて、占形を自身で記され、仲兼《なかかね》を召して、「この占形をもって泰親《やすちか》のところへ行き、占形を考え吉凶を判断させて、勘状をとって参れ」と命じた。泰親が差し上げた勘状には「いま三日のうちにお喜びと嘆きとがある」とあった。その後の結果、お喜びというのは法皇の幽閉が解かれたことであった。江戸時代の辞書である『増補語林倭訓栞《わくんのしおり》』は、鼬が群がると焔気が火柱のように立ち、その消えつきたところに必ず火事がある、また群れをなして鳴けば必ず吉と凶があるなどと説明している。治承四年に法皇は鼬がたくさん走り騒いだのに何か意味があると考えて占わせたのであり、鼬に対する特別な意識が当時からあったことが知られる。ちなみに、現代でも愛知県では鼬が夜泣きをすると不思議なことが起き、火事があるという。また広く全国で鼬が出ると天気が変わるなどといわれ、鼬は天気悪化の兆しとされている。

鼠

鼠《ねずみ》は人間の生活するところに必ず見られ、人と接触することの多い動物で、特に夜に動き、物をかじるが、対象物によっては何かの兆しとされた。

九条兼実《くじようかねざね》は安元《あんげん》三年（一一七七）六月十二日に、冠を鼠が食ったために物忌みをした。前日の十一日戌刻《いぬのこく》（夜十時頃）に彼はこの事実を見つけたので、卜筮《ぼくぜい》させたところ、慎むようにと出た。これをその夜に泰茂《やすしげ》に問うと、『百恠図《ひやつかいず》』の中に所見があるので、明日の朝これを注進しますと返事した。十二日に知らせを見ると、同じく慎むべしとあったので物忌みとなったのである。

治承四年（一一八〇）に福原（兵庫県神戸市兵庫区）へ遷都してから、第一の厩に入れ舎《とね》人《り》（乗馬の口取り）を大勢つけて、朝夕暇なく大事に世話していた馬の尾に、一夜のうちに鼠が巣を作り子供を産んだ。これはただ事ではないというので、七人の陰陽師に占わせたところ、「重大なお慎みごとである」と答えた。昔、天智天皇の代に馬寮《めりよう》の馬の尾に、一夜のうちに鼠が巣をつくり子を産んだ際には、外国の逆賊が蜂起したと『日本書紀』に出ている。

永享《えいきよう》三年（一四三一）十一月一日頃に三条上臈《じようろう》（身分の高い女官）の宿衣《しゆくえ》（内裏に宿直するときの装束）、ならびに天皇の御宿衣を鼠がかじった。上臈は「もってのほか先例不吉」だと主張したが、満済は「事件が重なったにすぎない」と意見した。天皇は「大したことはないので、先々の御覚悟に及ばない」と述べられた。満済は「鼠が衣などを食うのは吉兆が同じでない。その上、吉事の人々が連綿にある。こういうことがあっても果報を担った者は大略吉事になるので、差し支えありません」と申しあげ、天皇も同心された。実意《じつい》僧正は、夢の中で上臈の枕辺に鼠が走り出たので、上臈の怨敵が姿を変えたものだと思って搦《から》め捕えた夢を四、五日以前に見たと、彼の局へ申し入れた。夢と只今の出来ごとは符合しているので、奇特のことだと物語った。

鼠は夜行性などのために、この世とあの世とを行き来する能力があると考えられた。今まで鼠がいたのに急にいなくなるのを、火事の前兆とする俗信は全国に行われている。また火事に限らず、変事・災難・不幸の前触れとするところは多い。

狐

お稲荷《いなり》さんの使いが狐《きつね》とされるように、狐も特別な動物と考えられていた。

治承五年（一一八一）三月二十一日丑刻《うしのこく》（午前二時頃）に女院の御所が焼けた。それに関係して九条兼実は、去る頃、両家に狐の怪異があったので占いをさせたところ、ともに火災の由を占ったが、はたして符合している、などと記している。実態ははっきりしないが狐の行動が怪異とされ、占いがされたのである。

文治《ぶんじ》二年（一一八六）二月四日、幕府の北の山のふもとに狐が子を生み、その子が御帳《みちょう》台《だい》（寝殿造りの母屋内に設けられる調度の一つ。貴人の寝所または座所とした）に入ったので、卜筮すると良くないと出た。去年以来しきりに怪異がある上、源頼朝は去る頃に貴僧が一人枕辺に参り、「射山（法皇）をもっとも重んじ奉るようにしなさい、そうしなければ慎みがあるだろう」と言った夢を見た。そこで若宮法眼（円暁《えんぎょう》）が参仕して、荒神供を修した。

建保《けんぽ》元年（一二一三）十月十三日、鎌倉では夜に入って雷鳴があった。同時に将軍の御所の南庭で狐が度々鳴いた。幕府は翌日この変異に対応するため御祈禱をするようにと、大江広元《おおえひろもと》を奉行として、鶴岡勝長寿院（鎌倉市雪ノ下）、永福寺《ようふくじ》（鎌倉市二階堂）などの供僧や陰陽道の人々に命じた。

狐はオサキとかミサキとも呼ばれて、神の使者と考えられ、その姿を見たり声を聞いた者は、何らかの神意を感じた。人知の及ばぬことを、狐の挙動や鳴き声などによって知ったという伝承は多く、現在でも鳴き声で占いなどをするところが多い。

鹿

奈良の春日神社、常陸の鹿島神社、安芸の厳島《いつくしま》神社（広島県佐伯郡宮島町）などで、鹿は神の使者、乗り物と考えてきた。このため鹿には神意を伝える霊力があるとされた。

承安《じょうあん》元年（一一七一）十一月一日、源雅頼《まさより》から九条兼実に届いた手紙によれば、昨日、大神宮の別宮の森の内に鹿が斃《たお》れていたので軒廊御卜《こんろうみうら》が行われた。神祇官は「自然のことだ」といい、陰陽寮は「神事不信のためで、公家が病気になり御薬が必要になる。口舌・兵革が起きる」などと申したという。

応永《おうえい》二十七年（一四二〇）五月頃、鹿が一頭禁裏《きんり》仙洞に走り入って追い出され、裏築地の黄門邸にまた走り込んだので、捕らえて吉田宮（京都市左京区）に放したのに、その鹿を犬がかみ殺した。怪異だとして七仏薬師法が行われた。

応永三十一年（一四二四）正月十四日の夜、山に鹿が鳴いた。これは不吉で、先例では凶事が起きているので、気をつけるべきだと、伏見宮貞成《さだふさ》親王は耳にした。

このように神の使いとされる鹿は、その動きが何らかの意味を持つとされて、予兆に利用されたのである。

馬

各地の神社の祭りには神の乗る馬として神馬《しんめ》が出てくるが、神の乗り物として馬は古くから神社に奉納され、飼育された。したがって馬も神の意を帯することができると考えられた。

寿永《じゅえい》二年（一一八三）三月十一日の戌刻（午後八時頃）に春日社で怪異があった。明かりをつけて間もなくこれが消えた。大宮の西脇戸瑞垣ぞいに南行して、東に行ったところにある鳥居の犬防ぎで白馬がいなないた。その馬の主は神主泰次《かんぬしやすつぐ》であった。ただし竜花院（奈良県奈良市）天満でその馬はことごとく倒れ臥して死んだ。

応永三十一年（一四二四）八月二十一日に伏見宮貞成親王は、将軍の馬を伊勢因幡へ預けたところ、その馬が物を言い、厩《うまや》の者が聞いたと耳にした。馬の傍らに人はおらず、厩の上に居る人もこれを聞いて驚いて見ると、馬がうなずいた。この馬は八幡へ神馬として進じられた。

応永三十二年（一四二五）九月二十日、将軍は参宮の予定になっていたが、にわかに延引となった。その理由は管領へ餞送の一献の最中、厩の馬が三足一度に斃《たお》れたので在方《ありかた》に占わさせたところ、「不浄に負けた」とのことであった。家中で糾明すると、役夫の一両人が田舎で鹿を食べたと白状した。彼と同火を用いたので、参宮を延引させるために馬が死んだのである。このため七十五日の間参宮がかなわなかった。

嘉吉《かきつ》三年（一四四三）八月十三日に貞成親王は、八幡での怪などが連続して起きているため、社務を替え、善法寺を再び補したと耳にした。また、管領の厩の馬が物を言ったり、烏が内に入り食い合ったりするなど、大名の屋形に怪があった。親王は「兵乱があるのだろうか。およそひどく驚いた」と記している。

近年まで各地に、馬がいななけば晴といった鳴き声での天気予報や、馬の夢を見れば良いことがある、といった俗信が広く残っていた。

鳥は訴える

寺社に行って必ず見るものに鳩がある。「寺や神社での知らせ」の「穴ができる」で、応永《おうえい》二十三年（一四一六）の日吉社の怪について触れたが、その一つは鳩の死であった（八三ページ）。このように鳩の動きは注目された。

鳩

嘉応《かおう》三年（一一七二）正月に内大臣が辞任すると、後任をねらって新大納言成親《なりちか》は種々の祈りを始めさせた。石清水八幡宮に百人の僧を籠らせて、大般若経六百巻を真読させている最中に、高良《こうら》大明神（石清水八幡宮の摂社の一つ）の御前の橘の木に男山《おとこやま》（京都府八幡市）の方から山鳩が三羽飛んで来て、互いに食い合って死んでしまった。鳩は八幡大菩薩の第一の使者であるのに、宮寺でこのような不思議はないと、当寺の検校《けんぎょう》、匡清《きょうせい》法印がこれを内裏へ奏聞した。神祇官で御占があって、「天下の騒ぎ」と占った。

寿永《じゆえい》二年（一一八三）五月八日に木曾義仲は、加賀と越中の国境の砺波山《となみ》で平氏と対陣し奇襲を計画した。十一日に羽丹生《はにう》の八幡宮（富山県小矢部市）に願書を奉納し、仏神の思し召しで加護を与えられるならば、先ず一つの瑞相を見せてほしいと祈った。すると雲の中から山鳩が三羽やって来て、源氏の白旗の上をひらひらと舞うように飛んだ。昔、神功皇后《じんぐうこうごう》が新羅を攻めた時に、味方の軍勢は弱く、異国の軍勢が強くて、もはやこれまでだと思われた時に、皇后が天に祈誓《きせい》（神仏に祈って誓いをたてること）したところ、霊鳩が三羽飛んで来て、盾の面に現われて、異国の軍勢が敗れたのと同じであった。

承久《じようきゆう》元年（一二一九）正月二十四日に右馬権頭頼茂《うまのごんのかみよりもち》が鶴岡宮に参籠した。その夜拝殿にひざまずいて経を読んでいると、一瞬の眠りにおちいった。夢の中で、鳩が一羽頼茂の前におり、小童が一人そのかたわらにいたが、間もなくその童が杖を取って鳩を打ち殺し、次に頼茂の狩衣《かりぎぬ》の袖を打った。頼茂がこの夢は何の意味だろうと思っていたところ、二十五日の朝、廟庭に死鳩があり、見る人が怪しんだ。頼茂が夢について述べたので御占が行われ、泰貞《やすさだ》・宣賢《のりかた》等は不快なことが起こると占った。

寛喜《かんぎ》三年（一二三〇）正月二十日に鶴岡別当法印が、「当宮の石段の西辺に梅の木があるが、この木の上に山鳩二羽がいて今日まで八カ日も立ち去らないでいる」と将軍に申し入れた。この鳩の意味を知るために御占が行われ、上方のお慎みではなく、宮寺は口舌・闘争に留意するようにとの結果が出た。

元弘《げんこう》二年（一三三二）二月頃、田舎と都会の間に世にもまれな不思議なことが多くあった。延暦寺の本堂である根本中堂《こんぽんちゆうどう》の内陣へ山鳩が一つがい飛んで来て、神仏の前に常に点ずる灯火の油皿の中に飛び入り、灯明が消えてしまった。この山鳩は堂中が暗いために行き場を失い、仏壇の上に翼をたれていた。すると長押《なげし》の方から朱をさしたように赤い鼬《いたち》が一つ走り出て、鳩を二羽とも食い殺して消えてしまった。この常灯は桓武天皇が自ら掲げ、皇統の無窮を輝かそうと願をかけ永久に消えることのないものであったのに、山鳩が消してしまい、その鳩を鼬が食い殺したのも不思議だった。これはこれから後の建武中興以下の政治的混乱を暗示していると考えられる。

元弘三年（一三三三）五月七日に足利尊氏は篠村《しのむら》（京都府亀岡市）で八幡の祠を見て願文を納めた。その夜が明けたので前進し、大江山（京都府加佐郡）の峠を打ち越した時に、山鳩が一つがい飛び来たって白幡の上にひらひらとした。尊氏は「これは八幡大菩薩が立ちかけつけて守護してくれている験《しるし》である。この鳩の飛び行かんとするに任せて向かおう」と命令した。これにより尊氏の軍勢は強大となった。

建武《けんむ》三年（一三三六）五月五日に足利尊氏が備後の鞆《とも》（広島県福山市）を立った時に不思議があった。尊氏が屋形船の中ですこしまどろんだ時、夢の中で南方から光明が光り輝く観世音菩薩一尊が飛んで来て、船の舳にお立ちになったので、仏の眷属《けんぞく》である二十八部衆が各々弓矢や太刀などを帯びて、擁護してくれていると見られた。尊氏が夢から覚めると、山鳩が一つ船の屋形の上にいたので夢も現実も、偏《ひとえ》に観世音菩薩の擁護の威を加えて、勝ち戦となる夢想と考えた。

『看聞日記《かんもんにっき》』の応永三十年（一四二三）十二月二日の条によれば、関東で不可思議な吉瑞が起きたとの風聞があるという。その内容は、武将が御飯を供そうと欲した時、鳩が来て食い散らした。陰陽師《おんみょうじ》に占わせたところ、吉事であると申した。その御飯の色が五色に変わったので、毒を入れたのかと糺明したところ、御膳を調える者七人がたちまち切腹し、そのほか同類十七人が召し捕らえられ、討戮《とうりく》せられたという。これは八幡の擁護だとされた。また桃井《もものい》以下の者を退治するため進発した時、東国第一の大河である利根川を武将が渡ろうとすると、大河の洪水がたちまち干上がり、大勢が容易に渡れたため、合戦で勝利を得ることができた。貞成《さだふさ》親王はこれについて、「ただし実説不審」としている。事実はともかく、ここで鳩は関東の武将を加護する特別な鳥として意識されていたことが読み取れる。

鳩は八幡の使いとする信仰が広く各地に見られ、その泣き声によっての天気予報や行動から吉凶を占う俗信は現在でも行われている。

鷹・鳶

神武天皇が長髄彦《ながすねひこ》を征伐した時、弓の先に止まり、味方を勝利に導いた金《きん》鵄《し》（金色の鳶《とび》）は有名である。この逸話は古代に鳶（タカ科の鳥）が神の意を帯びた特別な鳥であったことを示す。こうした鳶や鷹《たか》もまた予兆の対象になった。

元仁《げんにん》二年（一二二五）二月二十四日に小さな鷹が一羽、雀を取ろうとして鎌倉の将軍の御所の中門の廊内に飛び入った。その鷹を遠藤四郎が捕らえて、若君に献じたので、若君は大いに可愛がった。これは吉兆だと三条親実《ちかざね》、遠藤為俊《ためとし》が申した。

嘉禄《かろく》元年（一二二五）十二月二日の申刻《さるのこく》（午後四時頃）、鳶が鎌倉の将軍の御所の中に飛び入ったので、親実が奉行になって御占を行った。その結果、失せ物、病事、驚事、盗賊の事などが起きると出た。

安貞《あんてい》二年（一二二八）二月七日の申刻（午後四時頃）、将軍の御衣に鳶が糞をかけて穢《けが》したので、御占がなされた。将軍が病気になるとのことだった。

秋田県では家の中に鷹が入るとよいことがあるというが、元仁二年（一二二五）に御所へ鷹が入ったのが吉兆だとされた意識はこれにつながる。初夢では「一富士二鷹三なすび」と、鷹は縁起が良いとされる。このように鷹の俗信も広く存在する。一方、鳶につい て、京都では鳶に糞をかけられると運が向くといわれる。また、その飛び方や鳴き声で天気占いをすることも多い。

烏

天照大神が遣わした八咫烏《やたがらす》は神武天皇を熊野山中より道案内したと伝えられ、山城の賀茂社の祖神ともされ、また熊野の神の使いとしても有名である。このように烏は神の使いであるとの意識が強くあった。このため、「寺や神社での知らせ」の「開閉する戸」で、応永二十五年（一四一八）に六条殿の御堂に烏が入ったことを怪異としていた（七六ページ）ように、さまざまな場で烏の動きに目が注がれた。

承安《じようあん》二年（一一七二）十一月二十九日に、内宮正殿以下にさす檜皮葺《ひわだぶき》の萱等を烏が群集しむやみについばんで抜いた、と九条兼実《くじようかねざね》へ連絡が入った。しかしこれを天皇に奏するか否かについては示してこなかった。

貞応《じようおう》三年（一二二四）三月十四日、鎌倉将軍の若君の亭の南廊の御蔀《しとみ》（格子を取りつけた板戸）の上に烏が巣を作ったのを発見した。先例は不快だと沙汰があったので、内々に国道《くにみち》、親職《ちかもと》等が卜筮《ぼくぜい》してみると病事と出た。

寛喜三年（一二三〇）五月十四日の巳刻《みのこく》（午前十時頃）、烏が将軍の御所の進物所に飛び入り、女房の大盤一前《ぜん》をひっくり返したので、占いを行った。

建武三年（一三三六）二月、菊池武敏《たけとし》の軍勢が筑前国多々良浜（福岡県福岡市東区）に迫ったので、足利直義《ただよし》は尊氏を励まして対戦しようとした。直義が香椎宮《かしい》（福岡市香椎）の社壇の前を通った時、烏が一つがい杉の葉を一枝加えて兜《かぶと》の上に落とした。直義は馬を下りて、これは香椎宮が擁護してくれる瑞相だと敬礼して鎧《よろい》の左の袖に差した。

応永三十年（一四二三）六月四日の午刻《うまのこく》（正午頃）に烏が天皇の常の御所に入った。巫《み》女《こ》に何の兆しかと尋ねたところ、「さしたることはないが、病事である。見付けた人は注意するように」と占った。

応永三十一年（一四二四）九月十八日の夜、貞成親王は丑刻《うしのこく》（午前二時頃）から暁更《ぎょうこう》（明け方）に至る間、群烏が東西に飛びわたり数声鳴いたのを聞いた。やもめ烏が月夜に鳴くのは常であるが、これは意外なことであった。ほとんど一晩中烏が鳴いて夜が明けた。怪異ではないかと不審だったので、占文を見たところ、従者が言い争いをすると出た。

応永三十二年（一四二五）閏六月十七日の寅刻《とらのこく》（午前四時頃）、京都に大地震があり、その後も小動が両三度あった。この地震は竜神が動いたとされた。地震は凶動で、占文も種々の凶事だと出た。伏見宮貞成親王が聞いたところによれば、将軍が去る月に八幡社へ参籠していると、宿坊の御膳調所へ烏が二羽飛び入り、御飯を噛《か》み散らかして去った。陰陽師はこれを大凶だと占った。また神馬二疋を神に捧げようとしたら、逃げ出して踏みあったり、噛みあったりして両方が血を流した。一疋は河内堺に逃げ走り、一疋は淀で捕らえられた。またある説では一疋は死んだという。このために今月三日に将軍は三宝院（京都市伏見区）と八幡宮に参籠し、仁王経法を勤仕した。また星が二つ噛みあって地に落ちた。この他種々の怪異で天下は概して驚いた。鎌倉に叛逆の企てがあるといううわさがあった。

永享《えいきょう》三年（一四三一）二月二十一日、禁中でお産により明日から三カ日、仙洞で大般若経を真読することになった。この日仙洞で烏が庭の樹木の巣を他所へ運び、雀も同じ行動をする怪異があった。これは火事が起きる前ぶれで、禁中にも家鳩や雀などが巣をつくらなかった。このためにお祈りがなされた。

永享十年（一四三八）八月六日に烏が一羽御所の会所に飛び入った。友烏に追われたためであるが、怪しいことかもしれないとお祓いがなされた。

文明《ぶんめい》十一年（一四七九）七月十七日に甘露寺親長《かんろじちかなが》は召されて参内した。天皇の御前に参ると、「夜前に台屋の中程に煙が立った。伏見殿・四辻宰相・中将等が驚いて見ると、焼ける火のもとはなく、暫《しばら》くして消滅した。これは希代《けたい》のことであった。この間烏が思いのほかに鳴き、御殿の上でしきりに騒いだ。ちまたに火事があるだろうとのうわさがあるので、土御門有宣を召し寄せて占形を得たらいかがでしょうといわれたので、彼を呼びに行かせたが、よそへ出ていた。火災があるかもしれないと恐怖であり、ことに今夜の夢は迷惑である」とおっしゃられた。親長は「お祈りが一番良いでしょう」と申し入れた。そこで諸寺・諸社の然るべき方々により外典のお祈りがなされた。

現代でも烏の夜鳴き、三声烏などのように、死の前兆として烏の鳴き声をいうところは多く、烏から神意をうかがおうとする習俗も広く見られる。

鎌倉の円覚寺を開山した仏光禅師が来朝した時には、若宮八幡が白鷺《しらさぎ》になってこの地に導いたという。こうした伝承から、鷺も特別な能力を持つ鳥と考えられていたことが知られる。

鷺

建保《けんぽ》三年（一二一五）八月二十一日の巳刻（午前十時頃）に鷺が鎌倉の将軍の御所の西侍の上に集まった。未刻《ひつじのこく》（午後二時頃）に地震があり、翌日も地震があった。幕府が鷺の怪について御占を行わせたところ、重変だと出た。このために将軍は御所を去って、北条義時の御亭に入御された。二十五日には鷺の怪によって親職《ちかもと》、泰貞《やすさだ》、宣賢《のぶかた》以下の陰陽師などが御所で百怪祭《ひゃっかいさい》を奉仕した。将軍が御所に帰ったのは十一月八日で、それまでは鷺の怪により旅宿に七十五日を過ごした。

寛喜《かんぎ》二年（一二三〇）六月五日の巳刻（午前十時頃）、鎌倉幕府の小御所の上に白鷺が集まったので、翌日に師員《もろかず》、季氏《すえうじ》などを奉行として陰陽師七人を御所に召した。各々は西廊で昨日の鷺のことを占なった。親職、晴賢《はるかた》は「口舌・闘争になるので、慎むように」と述べ、泰貞以下は「御所や御親類の昵懇の病気について、御家人中が文書によって言い争いになり、闘争が起きるであろう」とした。次にこの怪について将軍が御所を去るべきかどうか、一、二をもって吉凶を問われた。一吉だということで一同が同じになった。今度は詞をもって「一つは去らない方が良い」と申した。そこで他所には移らないことになった。翌七日に鷺祭が行われ、晴賢が奉仕した。

文明十二年（一四八〇）九月一日の頃、白鷺が殿舎に集まった。そこでお祈りを伊勢、石清水、松尾、稲荷、吉田の各神社と、仁和寺、園城寺、梶井、聖護院、三宝院、花頂僧正等に命じられた。

紀州の高野山では江戸時代、白鷺が来ると火災になるといって、院々で祈禱し謹慎したという。鷺が鳴けば雨が降るなど、鷺の声や行動の天気占いは各地で行われている。また大坂では白鷺が多く現われると大水があるというなど、鷺は現代でも予兆の対象とされる鳥である。

白　鳥

全身白い羽毛に覆われた白鳥は、大きさと色で霊なる鳥の印象を与えるが、古代より特別な鳥として意識された。『古事記』では倭　建　命《やまとたけるのみこと》の霊魂が化して八尋白智鳥《やひろしろちどり》になったとする（『日本書紀』では白鳥）。また各地に白鳥伝説を持つ神社が存在する。この鳥もこの世とあの世とを結ぶと考えられ、その動きから人間の未来をうかがおうとしたのであろう。

文治《ぶんじ》二年（一一八六）七月一日に陰陽師の季弘《すえひろ》が、「一日に顕信《あきのぶ》卿が内裏に進上した白鳥がやって来たことは吉祥である」といった。去る二十八日に来たこの白鳥は、色が白鷺と同じで、その足はすこぶる赤かった。二日、季弘が進めた勘文によれば、「徳の至りは白鳥の到る。また宗廟を謹んで敬えば白鳥が到る。今宇佐宮（大分県宇佐市）のことについて沙汰があった。そこでこの瑞祥か」などとあった。

鶏

夜明けに一番鶏が鳴く頃を鶏鳴《けいめい》という。すでに触れたように、この時刻は神や仏の活動する時間帯と人間の活動する時間帯の交代期で、それを区画するのが鶏の鳴き声である。したがって、鶏は神と人間の二つの世界を結び得る特別な鳥として、信仰の対象にもなった。この意識のもとに鶏の動きも未来を知る素材とされた。

文和《ぶんな》四年（正平十・一三五五）八月二十八日の夜、賀茂社で亥刻《いのこく》（午後十時頃）に境内の鶏がことごとく鳴き、次に社頭に猫が数千匹も群れて出、暁に向かい数百匹の狐が馳せ廻り鳴く怪異があった。

文明十六年（一四八四）十月一日に広田社（兵庫県西宮市）の牝鶏《めんどり》が夜明けを告げて鳴いた。このために占い文を召すかどうか議があった。明応《めいおう》五年（一四九六）八月十四日にも同様なことがあった。

『和漢三才図会《わかんさんさいずえ》』は、古人は鶏がよく邪を避ける霊禽《れいきん》であるとしたと記している。神社に神鶏が飼われているように、鶏は聖なる鳥である。鶏が夜鳴くのは凶兆だとする俗信は広く分布しており、宵鳴きを火災の前兆としたり、その行動で天気を占ったりするなど、現代でも未来を知る手がかりとされている。

名前もわからない怪鳥の出現は、それ自体が異常なことが起こる前触れとして恐れられた。

怪　鳥

建久《けんきゅう》四年（一一九三）正月五日に鎌倉の工藤祐経《すけつね》の家に、怪鳥が飛び入った。その鳥の名は知られず、形は雉《きじ》の雄のようだった。何事かと卜筮《ぼくぜい》してみると、慎み軽からずと出たので、神仏に祈って加護を願った。

寛喜三年（一二三一）四月二十八日の酉刻《とりのこく》（午後六時頃）に、鎌倉の将軍の御所の北対の辺に怪鳥が集まった。その鳥は水鳥の類で、色が黒く、翌日死んだ。少々見知る人がいたが、名ははっきりしなかった。翌日この鳥について御占が行われた。

永享二年（一四三〇）十一月二十八日に、伏見宮貞成親王のところへ舟津の猟師が「興のしょう」という大鳥一羽を捕まえて持参した。鳥の体毛は羽が白で鵠《こうのとり》のようで、嘴《くちばし》が長く、下に赤くて大きなうた袋があった。鳥の大きさは鵠より二つばかり大きかった。希有の珍しい名鳥だったので、召しおいて猟師に太刀を与えた。翌日この鳥を勧修寺に遣わし、将軍に見せたらどうかといったが、勧修寺は「この鳥は怪鳥か、いまだ見たり聞いたことのない鳥なので、すぐに進ぜられたらどうか」と言って返してきた。しかし、鳥はその帰路に死んでしまった。

爬虫類と魚の出現

蛇

三輪山神話で神は蛇の姿で現われる。諏訪明神の姿が蛇であることもよく知られている。また、蛇を屋敷あるいは家の守り神とする地方も多い。このように蛇はそのものが神で、その動きも意味を持つと考えられてきた。

文治《ぶんじ》二年（一一八六）五月十七日に光長《みつなが》が春日社からの解状《げじょう》を九条兼実《くじょうかねざね》に進めた。それは「去る十五、六、七の三カ日に金色の蛇が出てきた」との内容であった。十九日に春日社で起きた怪異に関係して光長が奉行となり、在宣《ありのり》が占いを行うと、「氏の長者は慎むように、また氏の中でも辰年と戌《いぬ》年生まれの人は注意するように」と出た。兼実は二十一日より物忌みをし、門戸を閉じて慎んだ。また二十一日には智詮阿闍梨《あじゃり》に仁王講を修させた。

春日社は藤原氏の氏神なので、そこで起きたことは藤原氏に神が何らかのサインを送っていると理解され、占いが行われたのである。

応永《おうえい》二十三年（一四一六）七月八日の朝、京都では大雨が降った。伏見宮貞成《さだふさ》親王は、大雨の最中に相国寺の鎮守八幡宮の宝前辺に天より小蛇が一筋降り下ったのを、童部《わらべ》が打ちたたいて殺したと耳にした。近江国にもこの日、竜が降り下ったという。親王は「希代の不思議なる事なり」としており、蛇の出現に特別なものを感じていたことが知られる。

嘉吉《かきつ》三年（一四四三）八月七日に八幡の怪異が連続した。蛇が四筋、社壇の内あるいは木の下等に死んでいた。五日には猪鼻の上野山の大木が風も吹かないのに倒れた。去る頃宇佐宮の神殿が大いに震動したが、これは八幡と神軍《かみいくさ》（神々どうしがする戦い）があり、八幡が負けたためだとうわさがあった。死んだ蛇に頭がなかったのは、神軍の表われだという。

文明《ぶんめい》六年（一四七四）七月二十九日、内侍所《ないしどころ》の唐櫃《からびつ》の上に二匹の白蛇が見えた。このことについて陰陽頭在通《ありみち》を召して占わせると、「御薬・口舌・火災などの兆し」と出た。

各地で「蛇に会うと運が良い」と言い、蛇は現在でも吉凶を占う材料にされている。また「蛇の木登り雨が降る」などとも言われ、天気予報もされる。この他、蛇に対する俗信は広く全国に分布しており、蛇が特別な霊力を持つ生き物として認識されている。

蚯蚓

蚯蚓《みみず》は蛇と形態がよく似ているので、蛇同様の意識が持たれた。また地中からわいてくることに対しても特別な意識が抱かれた。

文治二年（一一八六）十一月十四日に九条兼実は、春日社に蚯蚓が出てきた怪異について占いをさせたところ、怪のあったところで口舌・兵革があると占った。これは、蚯蚓の出現が何らかの意味を持つと意識されていたことを示す。

現代でも「寒中に蚯蚓が多く出る年は地震あり」、「蚯蚓が地上に多くはい出る時は洪水あり」などといわれる。このように、時ならぬ蚯蚓の出現は災害の予兆とされてきたのである。

蛙

「寺や神社での知らせ」で扱った「死人」の中で、文明八年（一四七六）の春日社の例を挙げたが、その中に希代《けたい》の異変として蛙合戦があった（七五ページ）ように、蛙の動きも予兆に用いられた。

応永三十二年（一四二五）二月十四日、少し前に御所旧跡の馬場（昔の御蔵跡だという）に蟾蟇《ひきがえる》が数千出て、田の中に入ったと貞成親王は耳にした。蟾蟇は大小その数を知らないというほどだった。貞成親王が梅見の帰路にその跡を見ると、蛙は見えなかった。親王はこれを佳瑞だと断じ、近頃吉例があるとしている。応永十五年（一四〇八）に室町殿より蟾蟇が数千万出たことがあったが、あまり時間を経ずして将軍が天下をとった。もっとも吉事であると評した。時ならぬ蟾蟇の出現を先例と比較し、吉兆ととらえたのである。

蛙を神の使いとする信仰は広く全国に分布している。また蟾蟇を家の守り神としたり、蛙を田の神の使者とする場所も多い。その鳴き声や行動によって天気を占ったり、吉凶を占ったりもする。

魚の異変

魚も何かを告げることがあった。貞応《じょうおう》三年（一二二四）五月十三日に相模の近国の浦々に、名前のはっきりしない大魚が多く死んで、波の上に浮かび、三浦崎（神奈川県三浦市）、六浦《むつうら》（横浜市金沢区）、前浜（鎌倉市）の間に寄ってきて充満した。鎌倉中の人々はこぞってその魚を買い、家々ではこれを煎じて油を取ったため、異香が村里に満ちあふれた。人々はこれを旱魃の兆しといい、先規に事例がないだけに、ただなることではないとうわさしあった。実際その頃から旱魃となり、翌月の六日頃まで雨乞いの祈禱がなされた。

このように、魚の異常も災害を予知していた。

群れる虫

動物だけでなく、虫についても異常は着目されていた。その一つが蚊やユスリカ、ヌカカといった身近な小さい虫である。

蚋

承安《じょうあん》二年（一一七二）八月十七日に京都の内裏閑院のうちに蚋《ぬかか》が二間ばかり群集していた。これは大変に珍しいことであった。これについては沙汰がないままだったが、八月二十日になって急に朝廷に陰陽師《おんみょうじ》等を召し、御占がなされた。その結果、御薬がことに重く、また兵革・口舌の可能性が高いため、今日の内に天皇は他所に移り給われた方が良いと出たので、その日の夜にわかに三条烏丸《からすま》の新造の院の御所に遷幸された。

ここに見える蚋の群集とは、夏の夕方見られる蚊やユスリカが群れをなして飛んで柱のように見える、いわゆる蚊柱《かばしら》のことであろう。大宝《たいほう》三年（七〇三）五月に西楼の上に蚊柱が現われたので、吉瑞として年号を慶雲《けいうん》に改めたとの故事があり、蚊柱は古くから吉凶判断に用いられた。現代でも栃木県芳賀郡では蚊柱が立つと不思議が起こるといい、秋田県仙北郡では蚊柱の崩れた方に火事があるとされる。このように蚊も人間社会の予知の素材になったのである。

蜂

比較的目にすることの多い蜂も、予兆の対象になった。養和《ようわ》元年（一一八一）十月二十日に大神宮の本宮正殿の棟木に、蜂が巣を作り、雀が小蛇の子を産んだ。これらの怪について、先例を調べてみると、朝憲《ちょうけん》（朝廷で定めた掟《おきて》、国を治める根本の法規）を軽んじ、国土を危くする凶臣はこの時に当たり敗北するだろうと出た。これを疑う者はなかった。

応永《おうえい》三十一年（一四二四）八月二十三日に京都御所の棟上げがあった。その近辺でしし蜂（雀蜂）の巣に三日蜂が二、三十飛んで来て、蜂の子を食べようとした。このために巣の廻りにしし蜂が数千も集まり、三日蜂と二時余りも合戦を行い、嚙み合って死んだり、疵がある蜂の数が多かった。結局しし蜂が負けて退散し、三日蜂がしし蜂の巣を食い破り、子を食った。しし蜂が一、二千も集まったのに対し、三日蜂はわずか二、三十だったけれども、三日蜂が勝った。蜂の戦いは常のことだが、これはめったにない不思議だった。蜂が家に巣を作れば身代が良くなるといわれるが、蜂の営巣によって吉凶を判断する場所は多い。また蜂が巣をかける場所の高低によって、その年の風雨を占うことも全国的に行われている。

蝶

蝶はその色と、ひらひらと空中を舞う姿から、特別な虫と考えられてきた。寿永《じゅえい》三年（一一八四）六月二十三日に九条兼実《くじょうかねざね》のところにやって来た行隆《ゆきたか》の話によれば、「去る九日の寅卯刻ばかりに、南都より上洛の途中の木津川において（八幡伏拝の辺りだという）、虫の大きさ一寸（約三センチ）ばかりで、白い羽を持った蝶が多く群れていた。台山ではこのような怪異を多く聞くが、他所ではいまだ聞かない。もっとも珍しい」とのことであった。このように、蝶が多く群れるのも怪異だった。

文治《ぶんじ》二年（一一八六）四月の終わり頃から鎌倉に黄蝶が飛行して来て、ことに鶴岡宮に広くいきわたった。これは怪異であるとして五月一日に御供《ごくう》（神仏への供え物）を奉るついでをもって、臨時の神楽があった。この間に大菩薩《だいぼさつ》が巫女《みこ》の口を借りて、「反逆者があろう。西から南に回り、南からまた西に帰り、西からなお南に到り、南からまた東に到ろうとしている。日々夜々、源頼朝の運を窺《うかが》っている。よく神と君とを崇め、善政を行うならば、両三年の内に彼の輩は水の泡のように消滅するだろう」と告げた。そこで神馬を奉納して、重ねて神をまつってお祓いをした。ここでも蝶が群れ集まったのは神の使いとしての側面が見られる。

文治二年（一一八六）七月五日に天文博士の業俊《なりとし》が、「今日寅刻《とらのこく》（午前四時頃）、洛中に蝶が降った。怪異だ」といった。七日に定経《さだつね》が持ってきた胡蝶についての外記の勘文二通によれば、本朝では延長の頃（九二三〜九三一）、これと類似した例があるけれども、吉凶は詳らかでないとのことであった。「漢家の例を勘じ申すように、また来る九日に軒廊御《こんろうみ》卜《うら》を行う」と重ねて言われた。その後、異虫（蝶のようだという）が降ることについて御占が行われたところ、辰巳未申の方角（南東から南西）に神の祟りがあるとのことであった。

建保《けんぽ》元年（一二一三）八月二十二日の未刻（午後二時頃）、鶴岡上宮の宝殿に黄蝶が大小群集したために、人々が怪しんだ。二十八日に蝶の奇異は、兵革の兆しであると申し入れる人がいたので御占をしたところ、お慎みあるべしと出たので、八幡宮で百《ひゃっ》怪祭《かいさい》を行った。

永享《えいきょう》六年（一四三四）七月十一日以前、法性寺へ白蝶が降下した。十一日にこれは豊年めでたいしるしなので、諸人に知らせたいと満済に三位法眼が申し入れた。満済が先規にこのごとくの事があったか大外記《だいげき》業忠《なりただ》に尋ねたところ、両度の例を注進してきた。最初は天暦《てんりゃく》年中（九四七〜九五七）で黄蝶が天から降下したが、この時は聖代豊饒・天下安全だった。後の例は文治年中（一一八五〜九〇）に降下したもので、この時も天下は安泰で豊饒だったという。この両度とも黄蝶だったのに今度は白蝶なので、先例では満足のいく結果が出ているけれども、今回の場合には一方で恐怖でもあるという。

私の子供の頃、御盆の頃の黒い蝶には御先祖様が乗って来るといっていた。また神奈川県では蝶が舞い込むと魂が帰ったという。『和漢三才図会《わかんさんさいずえ》』に毎年七月十五日の夜、胡蝶がたくさん出て原に群舞するのを生霊市《しょうりょういち》と呼ぶとあり、江戸時代には蝶を祖霊の乗り物とする意識があった。蝶はあの世とこの世を結ぶと考えられていたのである。この意識は中世にもあり、前記のような意識が生じたのであろう。現在でも蝶による吉凶占いや天気予報などが行われている。

羽蟻

蟻《あり》や白蟻類は、初夏から盛夏にかけての交尾期に、羽化して巣から飛び立つ。これが羽蟻《はあり》であるが、その出現も注目された。

寿永二年（一一八三）五月三日には賀茂御祖《かものみおや》神社（下鴨神社、京都市左京区）に羽蟻が出てきたので、軒廊御卜がなされた。

建久《けんきゅう》二年（一一九一）四月十五日に春日社から、「十三日に羽蟻が出て来たので、御占を行ったほうが良い」との解状《げじょう》が九条兼実のもとに到来した。そこで長房《ながふさ》にこれを命じ、十六日に占形が兼実に届いた。その結果は、「氏の長者、および卯・酉・未・亥年に生まれた公卿等は、病事に気をつけるように」とあった。そこで兼実は藤原氏の公卿に告げ廻らすようにと命じた。

建暦《けんりゃく》二年（一二一二）十月二十日の午刻《うまのこく》（正午）、鎌倉の鶴岡上宮の宝前に幾千万か数知れぬ羽蟻が飛散した。具体的な記載はないが、『吾妻鏡《あずまかがみ》』に記されていることから、これは何か意味があるとして占いなどがされたものであろう。

嘉禎《かてい》二年（一二三六）四月一日の午刻（正午）、鎌倉の鶴岡若宮に羽蟻が群集し、子刻《ねのこく》（深夜零時）には地震があった。翌日、宮寺の羽蟻について御占がなされ、「病事を慎むように」と、陰陽師六人が一同で申した。さらに十一日には御所において鶴岡宮寺の怪によってお祈り等が行われた。

応永六年（一三九九）四月五日、このところ春日社の辺りに所々羽蟻が群集していると社司が連絡してきたために、御占を行った。後に長者宣をもって占形を社家に渡した。

応永二十五年（一四一八）三月十七日の申刻（午後四時頃）、伏見宮貞成親王邸の門車突（外の方）に羽蟻が立った。占わせたところ、慎むことがあると出た。

永享四年（一四三二）八月一日に東大寺に羽蟻が黒煙のように立った。この間に東大寺の別当西室が突然死んだという。

羽蟻が多く出ると雨になるなどといって、天気を占うところは各地にある。また広島では羽蟻が家に入ると金持ちになるという。このように各地に羽蟻および蟻に関する吉凶占いや天気に関する俗信が存在している。他界である大地の中から姿を現わし、空中に上がる蟻も、あの世とこの世の使者としての意味を持っていたのであろう。

特別な植物

人間社会の未来に起きる異常を知らせると考えられたのは、動物だけでなかった。さまざまな植物の怪異にも中世の人々は目を向けていた。蓮から見てみよう。

蓮

治承《じしよう》五年（一一八一）七月十三日の酉刻《とりのこく》（午後六時頃）に左少弁行隆《ゆきたか》が院の御使いとして九条兼実《くじようかねざね》邸を訪れた。行隆が伝えた院宣《いんぜん》には、「近日人間にとっての災いが競って起こっている。つまり炎旱、飢饉、関東以下諸国の謀反、客星出現の天変、大神宮以下の神社で希代《けたい》の怪異などがあり、院中へしきりに注進してきている。また法勝寺《ほつしようじ》に一つの茎で二花の蓮が生じた。これらは先例によると皆不快である。どのような謀略を廻らして、こうした妖殃《ようおう》（不気味な災い）を消したら良いのか。朕《ちん》は対処に迷っているので、公は宜《よろ》しく思うところを奏し、敢えて時宜《じぎ》を憚《はばか》ることのないように」などとあった。

仏や菩薩の座る蓮の花の台座を蓮《はす》の台《うてな》という。また極楽浄土に往生して座るのは蓮の花の座である。この関係か、蓮の糸は極楽往生の縁を結ぶとされる。このように、蓮の花は仏たちの住むあの世とわれわれの世界とを結ぶ特別な花でもあった。

松

日本人が松に寄せる思いは特別深く、寺社でも松の数は多い。「寺社での知らせ」の「倒木」でも松が出てきたが（八六ページ）、松の異変は特に目を引いた。

寛元《かんげん》元年（一二四三）に吉祥院（京都市南区）で一夜に千本余りの松が生えたことがあった。その年には洪水あり、この松によって寺は流亡の難を免れた。松は寺の災いを救うとともに、洪水を知らせていたことになる。

松は正月の門松で代表されるように、その一年中の緑と特徴ある木の形から、日本人が神のよりましと考える木の代表的なものであり、これにまつわる俗信も無数に存在している。

前掲の事例では、一夜にして松が生えたことが問題であった。このような一夜にして木々が生えるなど、絶対あり得ないことが起きると、これも何かの兆しであった。

鶏冠木

正和《しょうわ》三年（一三一四）三月二十七日に、石清水八幡宮の宝前の巽《たつみ》（南東）と坤《いぬい》（南西）の角、および西門などに羽蟻が見えたと、後日注進があった。また閏三月十七日に、吉祥院門前の四、五丈の間に鶏冠木《かえで》三千本余りが一夜に生えた。四月二十五日に軒廊御卜《こんろうみうら》が行われた。吉祥院の鶏冠木について、神祇官《じんぎかん》は凶だと占った。一方、陰陽寮《おんみようりよう》は咎《とがめ》がないとした。石清水宮の羽蟻のことを、神祇官は口舌だとし、陰陽寮は神事不浄の者が連句の会にいたためであると占った。

諏訪大社上社の現人神《あらひとがみ》である大祝《おおほうり》は、近世まで上社前宮《かみしやまえみや》の鶏冠大明神（楓《かえで》の宮）で、樹木の下にある太平盤《ばんじやく》石の座所に葦を敷き、そこで神がかりして即位した。したがって鶏冠木は神が降りて来る目印で、神はこの木により、石を通して大祝に入ることになる。つまりこの鶏冠木は正月の門松などと同様、神の降臨する木であった。

神のよる木は松や榊など常緑樹が一般的なのに、落葉樹であるこの木が出て来るのは、その色に理由があるのであろうか。いずれにしろ、ここで鶏冠木の名前が出て来ることは特別な意味を持とう。

特別な木が生じたりすると、何か意味を持つことではないかと思われ、それを解釈しようとした。

宿り木

応永《おうえい》三十三年（一四二六）五月二十一日に満済《まんさい》は、稲荷下の前後の杉の木に琵琶《びわ》の木が二、三尺ばかりの宿り木となって果実をつけ、諸人が拝見のために参詣していると耳にした。その後、六月八日に満済もその琵琶の木を拝見するために稲荷社に参詣した。見ると琵琶の実はことごとく零落し、木ばかりになっていた。世間では、当年は本来万民が病死すべきところを、代わりに彼の明神が病気になってくれており、琵琶はその瑞相だといっていた。

このように不思議な木の出現も、何か意味を持つことと考えられたのである。

普通では絶対に生えないような場所に、植物が出現することがあった。これも変異として意味が問われた。

御正体に銀花

至徳《しとく》二年（元中二・一三八五）六月二日に春日第一社、第二、第三等の御殿、および太《た》刀辛雄《じからお》社等に銀花が数茎見えたことを、後日社司が伝えてきた。御占を行ったところ、公家のお慎みと出た。そこで早く祈謝するようにと社家に命じた。

応永二十六年（一四一九）八月十八日、春日社一の御殿の御正体に銀花が出現した。この先例は不快だと春日神主の師盛《もろもり》が申し入れた。九月四日お祈りのことについて触れ遣わし、聖護院の壇所（五壇中壇）に相談するようにと命令があったので、満済が出向き、坊において不動小法を勤仕することになった。九月十日より春日社に銀花が出現した変異などのためのお祈りがなされ、十月二日に不動護摩二十七日、愛染護摩十七日の祈禱が結願した。

不思議な花・植物

植物の名前が不明であったり、決して植物は生えないような場所から植物が出てくることもあった。

建暦《けんりやく》二年（一二一二）四月六日の戌刻《いぬのこく》（午後八時頃）に鎌倉の将軍が病気になった時、小御所の東面の柱の根に花が開いた。そこで天地災変、鬼気等の祭を行うようにと北条義時が言った。また鶴岡の供僧等は命令をうけたまわって大般若経を転読した。八日の寅《とらの》刻《こく》（午前四時頃）に御所で親職《ちかもと》、泰貞《やすさだ》が御祭などを奉仕した。

貞応《じょうおう》三年（一二二四）三月十八日の午刻《うまのこく》（正午）、鎌倉の将軍若君亭の釜殿の釜の耳に蔬《そ》（野菜、この場合本によってはアカザと注されている）が生えた。陰陽師五人が御占を行い、「聞いて驚くことがあるだろう、また寅・申年生まれの女房は慎むように」と申した。

なお二十一日には怪異などのことによって、属星《しょくじょう》、月曜星、熒惑《けいわく》、百恠《ひゃっかい》（五座）、泰山府君（七座）などの御祭とお祈りがあった。

動植物によせる思い

神の使いとして

これまで見てきた動物や昆虫・植物などは、現代でも神の使いなどとして特別な意識を抱かれる。それぞれが日本人にとって馴染みぶかく、なおかつ何か不思議な感じを抱かせる生き物といえよう。

動物の動きなどから神の意志を知ろうとする場合、日常的に彼らに対して注意深くしなくてはならない。それは周囲を動物や昆虫に囲まれ、自然と共存して生きていた中世の人々にとって当たり前のことだった。

このような生き物を神の使者と考える見方は、地表面の一部だけが人間の世界で、人間の住む周囲のすべてが他界だとした場合、その地表面にも神の使者が多数存在し、自分たちを見守っていることになる。周りがすべて他界で、目に見える生物も神の使者かも知れないと思うからこそ、中世人は神の声や意志を、動物や昆虫を含めてのすべてから聞き取ろうとしたのである。

神の宿る木

こうした視点は動物に限られなかった。植物もまた神の宿るものであり、神の降臨する目印だった。他界である大地の中に深く根を張り、他界である空中に向けてすくっと立つ巨木は、天と地の二つの他界を結び、しかもこの世とあの世を結びつけ得るものとして、それ自体が神木とされた。

しかし、そうした木ばかりが問題になるわけではなかった。用材に使った木から花が咲いたり、金属から植物が生えたりすることは、そのまま植物を通して神が何かを語ろうとしていると考えられたのである。

このような植物によせるまなざしは、日本の風土の内から醸成され、深く中世人の意識の中に沈潜していった。それが現代も日本人が神木などに寄せる心情としてつながっているのである。そしてこれは神の座す岩や石など、自然そのものへの目配りでもあった。

このような動植物に対する考え方の中には、現代人が抱きがちな、人間をすべての生き物の頂点とし、地球上を人間だけが独占する動きは見えてこない。むしろ、同じ神のもとに生かされている生物として、あるいは人間以上に神に近い生命として、周囲のすべてに目を向けていこうとする姿勢が感じられる。

民衆の予兆

現代でも動物や植物などを譬《たと》えにした諺《ことわざ》や天気占いなどが生きており、特に気候の占いなどでは動植物の動きや状態が基準にされることが多い。これは文字として記録を残していない民衆たちが、いかに周囲の自然に眼が向けていたかを示す。

中世に生きる人々にとって、身近な動植物などから予兆を聞き取ろうとする姿勢は、経験の蓄積の上に立ちながら神を意識したものであった。将来を予測することは、明日の天候や作物の成育などから始まって、自分の人生の岐路の決定、政治上の判断に至るまで実に多様に存在し、重要な意味を持ったのである。そしてそれが当時の人々が生きていく知恵の一部となっていた。したがって、記録をほとんど残していない民衆は、災害などの予知もこうしたところからしていたといえよう。

人と事件を通して

人に働きかける神

人間に神の意志や未来を伝える手段として、神仏が人にのりうつったり、夢の中に現われたりして、その意志を告げることがある。これについてはすでに「寺や神社での知らせ」で「飛んだ光」の、応永二十六年（一四一九）の熱田社の怪異に際して少女が託宣《たくせん》した（八五ページ）例を挙げた。

託　宣

治承《じしょう》五年（一一八一）九月十七日に九条兼実《くじょうかねざね》が聞いたところによると、去る朔日頃に八条二品の女房に神がのりうつり、春日若宮において「平家が滅亡する」などと種々の託宣をした。同じ女房が春日参りをして、宝前において「鹿島賢所《かしこどころ》の大明神を鹿島に帰らしめ給うように」と託宣をした。

文治《ぶんじ》二年（一一八六）四月二十九日の夕暮れ、九条兼実のもとに源雅頼《まさより》が来て、南都の辺りに住む青女房に神託があり、多く未来の事を演説したという。その託宣はだいたい事実と符合する証があった。二十七日の地震の後にその女が、「六月十五、六日の間に法皇が重い病になる。八月二十一、二、三日の間に決定的な大事になり、ほとんど御命が危うくなるだろう」と告げた。またその女が常に言うには、「依託の神明は一、二社に限らず、本体は天魔の託するところである。時々に託宣するのは明神等が大いに嘆息しているからである。法皇の叡悟が不定で、事に従って変易があり、御心が静かでない。このようだから、天下の逆乱が絶えず、実に悲しいことであると明神も御歎きになっているのだ」とのことだった。

建仁《けんにん》三年（一二〇三）二月二日に将軍の若君（一幡）が鶴岡宮に奉幣して、神馬《しんめ》二疋を奉献した。御神楽の最中に大菩薩《だいぼさつ》が巫女《みこ》に託して、「今年中に関東に事件があるだろう。若君は家督を継いではならない」といった。

承元《じょうげん》四年（一二一〇）十一月二十一日卯刻《うのこく》（午前六時頃）には、駿河国建福寺の鎮守である馬鳴大明神が、小児に託して「酉年《とりどし》（三年後）に合戦があるだろう」といった。

このように、神などがよりつくのは主に女性や子供で、対象が決まっていた。そして託宣をするのも、神社など神が降臨し、そうしたことが起きてもおかしくないと認識されていた場所であった。

夢

前著『蛇抜・異人・木霊』は、蛇抜《じゃぬけ》の発生を夢で知らせる伝説に興味を抱いたことから執筆した。夢での託宣の事例も挙げたが、中世では夢が神の知らせとして大きな意味を持っていた。

『平家物語』は吉兆としての夢を記している。すなわち、鹿ケ谷《ししがたに》（京都市左京区）謀議に参加した藤原成親《なりちか》の子の成経《なりつね》は、治承元年（一一七七）六月に俊寛《しゅんかん》、平康頼《やすより》とともに鬼界《きかい》が島（九州南西海上の諸島の名）に流されたが、康頼と成経の帰郷の願いがかなう吉兆として、夢が出てくる。このように夢の場合、個人的な要素が大きい。

治承三年（一一七九）九月六日の夜に頼輔《よりすけ》入道が九条兼実に、大神宮ならびに春日の神様が兼実邸の庭の樹に座す吉夢を見たと告げた。また五日には女院が夢を見た。それは高い長押《なげし》の上に兼実および三位中将《さんみのちゅうじょう》（藤原師家《もろいえ》）などがおり、その下に関白（藤原基房）ならびにその息隆忠《たかただ》中将などが座っていた。隆忠が師家と背丈を比べてみると、彼の方が年を取っていて兄に当たり、また位階も高いのに、ことのほかに低かった。この夢は師家のためにもっとも吉事だと心中に思った。兼実と師家はなお長押の上にいたが、これまた最吉の夢であった。

『吾妻鏡《あずまかがみ》』によれば、治承四年（一一八〇）九月に甲斐源氏の武田信義《のぶよし》と一条忠頼《ただより》以下は、石橋合戦のことを聞いて、源頼朝を尋ねて駿河国に向かおうとした。しかし平氏方の者などが信濃国にいると聞いて、信濃に向かった。九日の夜は諏訪上社の庵沢《いおりさわ》の辺に止宿した。深更に及んで青女《あおおんな》が一人、忠頼の陣に来て申したいことがあると言ったので、忠頼は怪しみながら、火炉のもとに招いた。彼女は「私は当宮の大祝《おおほうり》篤光《あつみつ》の妻で、夫の使いとして参りました。篤光が申すには源家の御祈禱に丹精を抽んでようとして、社頭に参籠して既に三カ日、里亭に出ていない。すると只今の夢想に、梶葉の紋（梶の葉は諏訪社の紋である）の直垂《ひたたれ》を着し、葦毛《あしげ》の馬に乗った勇士が一騎、源氏の味方と称して、西に指して鞭《むち》を揚げた。これは偏《ひとえ》に諏訪大明神の示し給われたものであるとのことです」などと言った。これを聞いて忠頼は出陣して、平家方の菅冠者《すがのかじゃ》の伊那郡大田切の城（長野県駒ケ根市）を落とした。

ここでは、夢のお告げとして諏訪上社の大祝に諏訪大明神が源氏に味方をしたことが示され、神の加護によって勝利したのだとされる。このように、夢は神と人間とを結ぶ手段でもあったのである。

この源氏の動きとは逆に、『平家物語』によれば、治承四年に平氏が福原に遷都してから、平家の人々は夢見が悪くいつも胸騒ぎばかりしていたという。

治承五年（一一八一）三月三日に東大寺の大仏殿を作り始めると、建立の事始めの奉行には左少弁行隆《ゆきたか》が命じられた。彼は先年石清水八幡へ参詣し、通夜をした時、御神殿の中からみずらを結った天童が現われて、「自分は八幡大菩薩の使いである。大仏殿の奉行をする時にはこれを持つように」といって、笏《しゃく》を頂戴する夢を見たが、目覚めると現実に笏があった。そして実際この役割を負ったのである。

元暦《げんりゃく》元年（一一八四）正月二十三日に、常陸国鹿島社の禰宜《ねぎ》等が使者を鎌倉幕府に進じて、「去る十九日社僧の夢想によれば、当所の神が義仲ならびに平家追討のために、京都に出発されたとのことであった。同二十日の戌刻《いぬのこく》（午後八時頃）、黒雲が宝殿を覆い、四方がことごく暗に向うような状況になった。その時に御殿が大いに震動し、鹿や鶏などが多く群集した。すると彼の黒雲が四方にわたり、鶏一羽がその雲の中にいるのが人の目に見えた。これは希代未聞《きたいみもん》の奇瑞である」といった。頼朝はこれを聞いて、御湯殿より庭上に下って、はるかに彼の社の方を拝した。そしていよいよ神を尊敬し慕うようになった。この時刻に京でも鎌倉でも雷鳴があり、地震があった。

応永《おうえい》二十三年（一四一六）正月九日の戌刻、京都では雷電や暴風が激しい中に、赤気が蒼天に燿《かがや》いた。伏見宮貞成《さだふさ》親王は火事かもしれないと不審に思っていると、北山の七重の大塔が雷火のために炎上した。雷が三度落ち懸け、僧侶や一般の人たちそれに番匠などが身命を捨てて火を打ち消したが、ついに焼失してしまった。親王は「あわせて天魔のなすところ勿論なり」としている。後日彼が伝え聞いたところによると、北山女院が八日に見た夢想に、故北山殿（足利義満）が女院に入ってきて、「近日の間に肝を潰される事があるだろう。しかしながら他所へ出てはならない。このまま御座しているように」といわれた。彼の御供をしていた男が女院を祓《はら》ったので、「何事ですか」と尋ねると、義満が「あなたが無事であるためのお祓いです」と申されたのを聞いて夢が覚めた。翌日に大塔が炎上したので、不思議の夢想であると言ったという。この夢を見ていたので塔が焼亡した時、女院は他所へ出御せず、人々が驚いて逃げるように求めたが御所にとどまった。また、九日の大塔の上に喝食《かつしき》（禅寺で食事を知らせたりする有髪の少年）二、三人、それに女房などが徘徊して、夜に入り蠟燭《ろうそく》を二、三十挺ばかり灯しているのが見えた。それから幾程を経ずして炎上したので、これは天狗の所行かとうわさしているとも耳にした。

永享《えいきょう》二年（一四三〇）五月、京都では大変な日照りが続いた。このために二十八日に雨乞いの奉幣《ほうへい》が行われた。二十七日から二十九日まで小雨が降ったが本格的ではなく、五月晦日に将軍から清滝宮に神馬が奉納された。六月一日の将軍の夢想句に、「雲や水雨も落くる花の滝」とあったが、晦日《みそか》から雨になり二日の暁から大雨になった。これを満済《まんさい》は「神慮か、随喜随喜。あわせて御願成就の先兆、天下安泰の奇瑞なり」としている。将軍は夢で雨の到来を知ったのである。

嘉吉《かきつ》三年（一四四三）三月二十九日の夜に大光寺の長老が、夢で廻禄《かいろく》（火災にあうこと）があるとの神の御告げを得た。果たして一日の夜に炎上した。これは不思議だと長老が申されたと、四月四日に伏見宮貞成親王は耳にした。

このように、夢は個人的レベルから国家的レベルに至るまで、さまざまな局面で人間の未来を告げてくれると信じられていた。しかも夢はすべての人が見ることができ、判断も自由であった。夢占いは社会に深く根ざした予兆だったのである。

事件は告げる

普通ではない事件が起きることは、そのまま何かの前触れとされた。次にそうした例を確認しよう。「寺や神社での知らせ」の「将軍塚」で、『太平記』が貞和《じょうわ》五年（一三四九）の鳴動を挙げ、およそ天下に大変がある時には、霊仏・霊社が火事になるのはいつもの象徴であると記していることについて触れた（九五ページ）。

火　事

このように寺社などの火事は予兆の代表的なものであった。

治承四年（一一八〇）十二月二十八日に東大寺や興福寺に火がかけられた。聖武天皇がお書きになった勅書には、「わが寺興福せば天下も興福し、わが寺衰微せば天下も衰微すべし」とある。だから、これらの寺が焼かれたことにより、天下の衰微は疑いないと、

『平家物語』は記している。寺の焼失と社会の変化を結びつける意識が存在していたのである。

応永八年（一四〇一）三月六日の晩より夜に至り、京都では大風が吹いて辻風のようだった。その時分に押小路東洞院が焼亡し、比丘尼庵《びくにあん》の一宇が炎上した。貞成親王が聞いたところ、愛多護山《あたごやま》（愛宕山、京都市左京区）の火打ちが三つ紛失したが、これは天狗が取ったのであろうか、焼亡がはやる時には必ず失うとのことであった。また大風の時分に相国寺（京都市上京区）の廊下が吹き破れ転倒した。親王は「在家《ざいけ》等が吹き破れずに転倒したのはどうしてであろうか。天魔の所為か」と日記につけた。

永享《えいきょう》六年（一四三四）三月二十日の夜前、京都に火事があった。火は六角烏丸《からすま》から出て四条坊門に至り、万里小路《までのこうじ》の東西南北二十町が焼失した。六角堂（京都市中京区にある頂法寺の別称）が焼けたが、本尊は焼けず取り出した。大慈院（京都市上京区）や佐々木氏の六角屋形（京都市中京区）などが炎上した。六角堂の御堂はこれまで度々の炎上にも焼けなかったのに、この度は灰燼《かいじん》となった。貞成親王は「末世至極で悲しむべきことである。先月に因幡堂《いなばどう》（京都市下京区にある平等寺の別称）が焼亡し、万寿寺（京都市東山区の東福寺内にある寺）以下が炎上した。今月また六角堂等の霊地が塵を払って炎上した。これは天魔のなすところか、天下の怪異か、ともかく驚くべきことである」と記した。

永享六年（一四三四）八月二十一日の夜前に京は焼亡し、南禅寺（京都市左京区）の塔《たっ》頭《ちゅう》が焼けた。去る頃に宇佐宮が炎上したと耳にした伏見宮貞成親王は、「天下の怪異か。驚きいるものなり」と評している。

基本的には人間の行為が原因になって起こる火事も、神仏の意図によって起こされており、それ自体が何かを告げていると理解されたのである。

疫　病

人間世界の異常の一つに、流行病の蔓延がある。これもまた兆しとされた。

嘉《か》禄《ろく》三年（一二二七）十一月十五日、鎌倉で天変地妖が続いて、赤斑の瘡《かさ》が流布したので、幕府はお祈り等を始めさせた。この年の十二月二十五日には幕府に六波羅（京都市東山区）からの飛脚が到来し、去る十日に嘉禄三年を改めて安貞《あんてい》元年となすという、改元の詔書を持参した。今年は三合（陰陽道の厄年の一つ）に相当する上、赤斑瘡《しゃくはんそう》が流行し、庶民が多く病死したので、このようになったのである。

疫病が流行している状況を変えるため改元がなされたが、三合と疫病はそれ自体がより大きな災害が来る兆しだとされていたといえよう。

天　皇

天皇は人間ではあるが、元号の設定の基盤になるなど、もっとも神に近い人、神と人間の中間にある人として意識された。したがって、天皇の行動やそれにかかわる事がらが予兆とされることもあった。

寿永《じゅえい》二年（一一八三）八月二日に九条兼実《くじょうかねざね》のところに源雅頼が来て、世上の事を談じた。このついでに彼は、「去る六月一日、主上が南殿の南の階より溜りの下に落ちられた。これは思いもよらない怪異である。蔵人親資《くろうどちかすけ》が抱え奉って陣の辺に上げたが、上官一両人がこれを見た。深く秘蔵」などと語った。天皇が下に落ちたのは怪異であり、秘すべきことだった。おそらく居合わせた人たちは何かの兆しを感じたのであろう。

応永三十二年（一四二五）四月二十七日以前に、内裏で朝餉《あさげ》の供御《くご》（天皇の飲食物）を打ち壊した。これを人々は不吉であり、怪異であるとした。供御の異変も天皇の異常と直接結びつけられたのである。

月蝕や日蝕の際に御所を裹《つつ》むことについてはすでに触れたが（二四ページ）、秩序の中心にいる天皇の身に異常なことが起きると、社会そのものも混乱に陥ると理解されていた。したがって彼の行為自体が予兆とされたのである。

あの世の住人の動き

天狗

中世においては不可思議なことがあると天狗の仕業だとされることが多い。そして天狗そのものが、「天の知らせ」の「流星」で、寛正《かんしょう》六年（一四六五）にあった流星を天狗流星と呼んだり（一七ページ）、先程見たばかりの「夢」の応永二十三年（一四一六）の出来ごとを天狗の所行かとした（一五七ページ）ように、不吉な代名詞とされた。

延文《えんぶん》四年（正平十四・一三五九）八月十七日頃、所々に小さな石が飛ぶ事件があったが、これは天狗が行ったといわれた。天竜寺（京都市左京区）の造営のために愛宕山の樹を伐採したことを怒ったもので、その後も世間に天狗が横行したという。

応永三十二年（一四二五）三月十五日より少し前、夜ごとに天狗や化け物が洛中を発向した。このためか、天皇の病気はいまだに治っていないとのことである。

応永三十二年（一四二五）四月二十三日は、御八講（法華八講、法華経八巻を八座に分け、ふつう一日に朝夕二回講じて四日間で完了する法会）の第二日目だった。前日の二十二日に炎上があり、近衛《このえ》・鷹司《たかつかさ》・四丁町（京都市上京区）が焼亡した。内裏はその近くにあるので天皇がひどく驚かれた。広橋の門にも火が付き打ち破られた。山科教有《やましなのりあり》の宿所は炎上した。御八講論議の時分の間に騒動が起きたが、講問は形のように終わった。後円融院《ごえんゆういん》（天皇在位一三五八〜九三）が天狗になられたので、仏事をされている最中に火事になって焼かれてしまうだろうと、かねて京童《きようわらべ》がいっていたが、本当にこのようになったのは不思議だと『看聞日記《かんもんにつき》』には書かれている。ここでは天狗による火事とともに、うわさがそのまま予兆になっていることに注目しておきたい。

かつて田向三位の妻女が読経していると、舎利《しやり》（仏や聖者の遺骨）数百粒出て来たが、永享十三年（一四四一）春にことごとく紛失した。これは天魔のなすところか、不思議の事であった。仏舎利《ぶつしやり》の出現は洛中に隠れなく、管領よりも舎利を所望したが、紛失の後だったので、その由を申し上げたという。持経者《じきようしや》（経典を受持し、もっぱら読経する者）からも舎利数百粒が出現し、また経秀一字三礼書観音経にも出現したが、古来聞いたことがなかった。伏見宮貞成《さだふさ》親王は二月十二日の日記に、「吉凶の間不審。何様にも天狗・狐の為す所か。不思議不思議なり」と記した。

このようなあの世の住人である天狗の出現は、特別な兆しと理解された。

妖　怪

天狗と同様に意識されてきたものに、妖怪やその他の正体不明なものがあった。

永享十年（一四三八）二月六日に伏見宮貞成親王は、この間公方《くぼう》（将軍）の御所の中に変化の物（女房という）が出て、女中の髪、あるいは小袖を切ったが、妖怪は切られた人の目のみに見え、他人には目撃できなかったとの話を聞いた。

嘉吉《かきつ》元年（一四四一）二月二十七日以前に、一条戻橋（京都市上京区）の東橋詰に夜々音を立てる物があった。三カ夜目に細川讃州が聞いて、人を出して見届けさせたが、忽然《こつぜん》として失せたために公方へ注進した。これは凶事だという。貞成親王は「巷説《こうせつ》（巷のうわさ）不審。注進の上は実の事か」としている。

このように、妖怪などのうわさが出てくることは、そのまま不吉のことが起きると意識されたのである。

隣人によせる眼

神は託宣の形態を取って、いつ隣人を通してわれわれに語りかけるかも知れない。しかも神がのりうつるのは女や子供などの社会的弱者である。託宣という行為を取れば、昨日までの弱者が神の使いとなり、立場がまったく逆転してしまう可能性がある。したがって上位者であっても、他人に対して常に尊敬の念を抱く必要が出てくる。中世は一方的な男性社会・身分社会のように見えても、それとは逆の側面をも有しており、それぞれの社会的役割や義務を負っていた。社会では性や年齢による社会的分業が、このような形でもなされていたのである。

人から読み取る

もう一つ注意しておきたいのは、このように託宣などを行い得る人は、日常でも神がのりうつることが多く、現代ではかわった人あるいは精神病と思われることが多い。これに対し、中世にあってはそれが神と人を結びつける特別な能力とみなされ、社会での役割と認識され、意義が与えられていたのである。

中世の人々にとっては、環境としての自然や動植物などだけでなく、隣人もまた神とつながる可能性があったわけで、人と人との結びつきも現代とは大きく異なっていたであろう。そして神や仏、他界に対する意識はいやが上でも強かったと推察される。

事件の意味

人間社会にはさまざまなことが起きる。そうして起きた事件そのものがまた、社会の未来を指し示す兆しとして中世の人たちには理解された。事件は一つで完結するのではなく、連続の中でとらえられ、一つの事件が次の事件の引き金になると認識されていた。しかも事件の背後には神の意図があり、災害なども予兆、実際の災害といった一連の動きの中で受け取られ、たとえ人間が主体になって起こされた場合でも、その人間をつき動かしたのは神や仏の意志だとされた。このため支配者はさまざまな事件やうわさなどから、神の意志がどこにあるかをつかみ取り、対応する必要があった。

この場合、社会にとって悪いことをなした人間であっても、それは個人の問題というよりもっと広い社会全体の悪や神の意志へとつながってくる。事件もそれをもたらした悪い神や霊が問題となる。したがって犯罪者への対応も、個人の背後にある悪霊などの存在へ向かい、祓《はら》いなど穢《けが》れへの対策が中心となる。そのために犯罪者を島流しや追放などにして、混乱の元となるものを地域から離すことで、平安を回復しようとしたのである。刑罰なども犯罪者が社会などにもたらした損失や混乱をあがなうものであって、現代のように個人的な改悛などを目的とするものではなかった。

神につながる人

この世に住む人々は何らかの形で、あの世からの信号・情報を読み取ろうとしていた。そして日本ではこの世の秩序の中心、もっともあの世とこの世とを結びつけ得る人物として、天皇が存在していると考えたのである。したがって国家統治を目指す将軍も、意識的にそれに準じようとしたのである。

一方で、神の意志を聞く専門家として朝廷は陰陽師を抱え、幕府もその取り込みを行った。また、神に仕える人として神社にはさまざまなレベルの神主や禰宜がおり、寺には仏に仕える人として僧侶がいた。彼らのような宗教者は国家に結びつくものから、個人的に神や仏に結びつくものまで実にさまざまであった。

社会全体が神や仏などの意志を確認して、次の行動をしようとする状況であるなら、これまで扱ってきた国家の上層部だけでなく、一般民衆に至るまでそうした雰囲気があったはずである。中世の絵巻物などを見ると、実に多様な宗教者の姿が見られる。おそらく歴史上、宗教関係者がもっとも多様で、なおかつ人口全体の中に彼らの占める割合がもっとも高いのが、中世であろう。これは国家から個人まで、神や仏の声を聞き、すべてに対処していこうとする意識があったためで、それだけ多くの宗教者が社会に求められたのである。これが、中世という時代の特質をよく示していると私は考える。

災害への対応

災害と政治

本書で取り上げた災害予兆の事例や、その後の対応からして、中世人は基本的に神や仏などあの世の住人が、災害を含めた人間社会の出来ごとを引き起こすと考えていたに違いない。それではなぜ神や仏などは罪もない人間に対して災害を起こすのであろうか。

災害の原因

中国の唐の太宗と臣下の問答や君臣の事跡を分類編纂して為政者の参考にした『貞観《じょうがん》政要《せいよう》』の君道篇に、「人怨《うら》メバ則チ神怒リ、神怒レバ則チ災害必ズ生ズ」とある。これによれば、すべての原因は人間の側にあり、人間が怨むようになると神が怒り、災害を引き起こす。人間界の混乱を神が怒り、これをいさめるために災害をもたらすのだというのである。この思想は古代から日本にも入ってきており、このような意識が少なくとも統治者の側にはあった。

安元《あんげん》三年（一一七七）三月七日、九条兼実《くじょうかねざね》はやってきた大外記頼業《だいげきよりなり》にさまざまなことを尋ねた。その一つに天変の意味があった。頼業は「天変には二義がある。一つは変異を先に呈し、禍福（災難と幸福）を後にあらわす場合である。これは必然である。一つは、変異が必ずしも結果をなすものではないもので、この場合には、君が治世を施す使いとして、臣に忠節を尽くさせるために、悪を捨てて善をとるようにと謀《はか》り、天が示す。これにより聖主が徳政を施せば変は早く退く。この説をもって勝となす」といった。

つまり、災難や幸福が起きる場合には天変があるが、それには二種類がある。一つは天変が示されて、必然の結果として禍福が出るものである。もう一つは天変で人間界がこのままでは良くないと天の意識を示し、良い政治をさせようとするもので、徳のある政治がなされれば天変は消え、結果として災害は起きないというのである。後者は警告であり、天変の原因は治者の良くない政治にある。

兆しの特性

中世の人々にとっての大きな願いに、極楽に生まれ変わり、この世から理想のあの世に行く、極楽往生があった。いわば極楽往生は二つの世界を結ぶことであるが、この際には必ず空に音楽が聞こえ（音）、異香があり（匂い）、紫雲がたなびく（色・光）奇瑞《きずい》があるという。換言すると、この音、匂い、色・光は、あの世とこの世とをつなぎうるものだといえる。これはそのままわれわれが日常で見る仏壇での装置につながる。すなわち音は磬《きん》（読経の際に打ち鳴らす銅製や鉄製の鉢形をした仏具）、匂いは線香の香り、色・光としての煙は線香の煙である。仏壇の前では生者が死者や祖霊と対話することが多いが、このためにはあの世とこの世とを結びつける必要があり、そのための装置が準備されたのである。

ところで、頼業によれば、災害などがある場合には必ず変異があるという。災害の兆しはあの世からの信号であり、あの世から発信された情報がこの世に届く必要がある。変異は二つの世界を結び得る手段で引き起こされなくてはならないのである。日本の中世において予兆とされた変異は、本書全体で見てきたとおりであるが、その際に注目されるのは、変異の多くに、光（星や日月、仏像、灯籠《とうろう》）、色（太陽の色、仏像の色、海の色、池の色）、音（地震、寺社などの鳴動、雷鳴）が介在していることである。極楽往生の場にあるべきもので、変異の事例として消えているのは匂いだけである。おそらく実際には匂いも予兆になっていたものであろう。

変異の認識には、神の使者と考えられた動物や昆虫などさまざまなものに目が向けられていた。その場合、鳥や昆虫などでは、地上と空中とを結びつけるものが多い。この性格はそのまま、虹や雲などにもつながる。また、天空から落ちてくる雨や雪、天空とこの世を結びつけている風、さらには地下から涌き出してくる水なども、この世とあの世とを結びつける力があると意識されていた。

一方で、こうした信号を読み取る場所として、神社や寺が特別な役割を果たしていたことにも注意したい。神の意志を読み取るには、読み取る場所と時間、読み取ることのできる人が大きな要素になっていたのである。

変異の理解

変異があった場合、これが果たして何の意味なのかを知らなくては予兆にならない。変異から神の意図を伺わねば、変異は人間社会にとって価値がないのである。

そうした読み取りをするに当たって、国家的な重要性がある場合に行われたのが、軒廊《こんろう》御卜《みうら》などの朝廷や幕府が主催した占いだった。統治者は御占によって、神の意図を知り、神の意に添うことで災害を食い止めようとしたのである。また災害が起きた場合にも、その災害は神が何を怒ってもたらしたのかを知り、神の意に添うことで、重ねての、いやそれ以上の災害を防ごうとした。このために国家は、陰陽師《おんみようじ》のような神の心をはかり得る能力を持つ人が必要だった。陰陽師などは当時の人にとっては最先端の科学者であり、きちんとした理由によって神の意を読み取ってくれる人だったのである。体系だった学問を会得するまでには相当の教育と訓練が必要なので、こうした専門家を用意できることが、そのまま権力側のシンボルにもなった。また、神や仏と人間の間を取りもつ神主や禰宜《ねぎ》、僧侶なども同じ意味で重要だった。

一方、災害は同時に全国の非常に広い範囲のみで起こるのではなく、個人的なレベル、家や氏族、集落、さらには国、その上の日本と重層的に存在するので、各部署において変異を読み解いてくれる人が必要であった。日本的なレベルの解読を朝廷などで行っているとするなら、それぞれの地域や家でも異変を読み取り、神と結びつけてくれる人が求められた。それが中世の宗教者の多さにつながり、多様な宗教者の多数の存在が中世を特徴づけていたのである。

奉幣と祈禱

異変に対して行われた占いを通して神意がはっきりすると、まず為政者や関係者は慎み、神や仏などにこれまでのお詫びを行い、それまでの罪やケガレなどを祓うため幣《ぬさ》を神に奉じた。これは災害そのものが起きた場合でも同様であった。

同時に攘災のためのお祈りが行われた。

文治《ぶんじ》二年（一一八六）五月十日に九条兼実は親雅《ちかまさ》に、「近日天変がしきりに見えている。司天《してん》（天文博士）の奏するところによればその徴《しるし》は大変に重い。それだけでなく、世上に訛言《かげん》（誤って伝えられた評判）があるのは、これまた魔縁のなすところであるからお祈りをするように。兼ねてまた炎旱が旬にわたり、窮民の愁いは深いという。彼といい、是といい、もっとも禳《じょう》（神を祭って災いをはらう）法を修せらるべきである。諸国には旱害に対処するための費用が欠乏している。近例では万事成功《じょうごう》（私財を朝廷に寄付して造宮・造寺などを行った者に、その功によって官位を授ける）を用いている。今回も成功で良いのではないか」などと述べた。天変に対応するために災いをはらうお祈りが求められたのである。

建武《けんむ》元年（一三三四）正月、筑紫では北条氏の一族が北条高時の余類を集めて所々の逆党を招いて国を乱そうとし、河内国でも賊徒が飯盛山（大阪府大東市）に城郭を構えた。伊予国では立烏帽子峰《たてえぼしがみね》（愛媛県周桑郡丹原町）に城を築いて付近の荘園を掠《かす》め取った。これらの凶徒には仏法の威力を武力に加えて退治しなくては、早速には静謐《せいひつ》にできないだろうと、にわかに皇居の紫宸殿《ししんでん》に祭壇を設置して、曼殊院《まんしゅいん》（京都市左京区）の慈厳僧正《じげんそうじょう》を召されて、天下安鎮《あんちん》の法を行われた。

仏に対しては読経が行われたが、そうした事例もすでに多く挙げた。

寛喜《かんぎ》三年（一二三一）四月十九日、幕府は風雨水旱の災難を祈るために、諸国の国分寺に最勝王経を転読するよう命じた。

明応《めいおう》元年（一四九二）五月九日には、疫病が流行していたため、大覚寺（京都市右京区）の僧を召して般若心経を宮中において頂礼《ちょうらい》した。この頃、京近畿諸国には大疫《たいえき》による死者が多く横たわり、寛正《かんしょう》（一四六〇〜六六）の時のようだった。翌十日、病事のお祈りを賀茂上下社に命じた。さらに二十一日には、このところ天下に疫病が甚だしいので、諸寺諸山および京畿諸国において般若心経を読誦するようにと命じた。

このように、神や仏は人間の世界を守ってくれると意識されていた。これは寺社の棟札《むなふだ》に「国家安穏、君臣和楽」などと書かれて、祈念されていることにも示される。特にお経には特別な力があると思われ、読経がされた。民間においては経文そのものが威力を持つと、さまざまな呪術に用いられていたのである。

この他、民間宗教者たちの祈禱や、彼らが配るさまざまなお札などの効力も信じられ、災害を防ぐために利用されていた。

改元

それでは災害の原因などがわかった時、為政者はどのようなことをすれば良いのであろうか。その一つは、「寺や神社での知らせ」の「倒木」の中で、嘉暦《かりゃく》四年（一三二九）に咳病が流行したので元徳《げんとく》としたように（八六ページ）、改元であった。人間の行動の基準となる暦を変えることによって、時間の進行を変え、このままでは引き起こされる悪い状況を取り除こうとしたのである。

文治六年（一一九〇）四月十一日に改元があり、文治を改めて建久《けんきゅう》とした。この理由は公家のお慎み（中興の御厄）、ならびに明年三合、太一厄《やく》、および天変等であった。

文応《ぶんおう》二年（一二六一）二月二十日に、今年が辛酉革命《しんゆうかくめい》に当たるかどうかを陣儀において定めた。辛酉革命というのは古代中国の讖緯《しんい》説で、干支が辛酉に当たる年には革命が起こるとするもので、日本では平安時代以後、この年に改元することが多かった。革命により改元することに決まり、文応を改め弘長《こうちょう》とすることになった。

延徳《えんとく》四年（一四九二）七月十九日に改元を決定した。これは疫疾《えきしつ》により延徳を改め、明応としたものであった。

徳政

「地表を取り巻く世界」の中の「雪と雹《ひょう》」で、寛喜二年（一二三〇）六月に美濃国で雪が降った際、北条泰時が徳政を行うように命令したことを見た（五五ページ）。また、「災害の原因」で触れたように、頼業は「君が治世を施す使いとして、臣が忠節を尽くさせるために、悪を捨てて善をとるようにと謀り、天がこれを示すものである。これにより聖主が徳政を施せば、変が早く退く」と言った。災いは徳政を施せば、消えるのである。

文治元年（一一八五）九月四日に鎌倉幕府は、去る七月の大地震についてお祈りを行い、同時に徳政を天下にくまなく行き渡らせ、さらに崇徳院《すとくいん》の御霊をことに崇め奉るようにと朝廷に申し入れた。

文治四年（一一八八）三月二十八日、近頃天変地妖《てんぺんちよう》が続いていると奏聞があった。『吾《あ》妻鏡《ずまかがみ》』の筆者は、「これは人が重畳する故か、妖は徳に勝たないので、徳政しかない。徳政というは、人の愁を散ずるをもって先となすべきだ」としている。

建久六年（一一九五）十二月十六日、伊豆国願成院（静岡県田方郡韮山町）において、鎮守を崇め奉るようにと沙汰があった。これは去る頃、寺中に毎夜飛礫《ひれき》（石つぶてが飛ぶこと）で堂舎の扉を打ち破ったり、天井が動揺して人が歩んでいるようだといった怪異があったためであった。『吾妻鏡』は「妖は徳に勝たず、仏神の崇敬その詐《いつわり》無くば、魔鬼の障《しょう》碍《げ》（障害）、何の危うきことか有らんや」と記している。

中世の徳政というと、売却地の取り戻し、債権・債務の破棄などを定めた徳政令が有名であるが、これも本来は人間の世を神や仏の意に添うようにして、本来あるべき姿に戻す施策として行われたものである。実際には極めて政治的な動きでも、根源的な部分では、災いなどを避けるための宗教行為だったのである。

疫病神送り

災害があの世の住民である神や仏によってもたらされるものならば、災害の元になる神などを自分たちの世界から追い出してしまえば、災いは取り除かれるはずである。そこでそうした神を送り出すことも行われた。

文明《ぶんめい》三年（一四七一）八月六日ころ、京都では疱瘡《ほうそう》の悪神を送るのだといって、所々で囃《はや》し物《もの》が行われた。これは毎日のことで、翌日も町で疱瘡の悪神送りがなされた。

永正《えいしょう》八年（一五一一）に、甲斐の富士山の北側の麓に当たる地域では、口痺《こうひ》（喉痺、のどの病気）が流行したので、鳥を作って病気送りをした。享禄《きょうろく》三年（一五三〇）七、八月の両月に諸国で神を鹿島に送ったが、これも疫病神送りであろう。

弘治《こうじ》二年（一五五六）には咳病のために京都で小児が多く死んだ。占文によれば、貴布《きふ》禰《ね》神の祟りだという。そこで九月九日に勅定《ちょくじょう》があり、疫神を追わせた。これより洛中の小児が毎年この日に小神輿《みこし》をかつぐことになった。

神による平和

「動植物へのまなざし」の「宿り木」（一四五ページ）では、稲荷社の明神が、万民に代わって病気になってくれたと多くの人が信じた状況が出てきた。このように中世の人々は、神や仏が人間の代わりに悪いことに対処してくれると意識した。

戦う神々

文治元年（一一八五）二月十九日に住吉神社の神主の長盛が参洛し、「去る十六日、当社恒例の御神楽を行っていると、子刻（深夜零時）に鳴鏑《なりかぶら》（飛ぶ時に鏑の穴から空気が入って大きな音響を発する矢）が第三神殿より出て、西方を指して飛んで行った。この間追討のお祈りを奉仕していたので、霊験は著しい」などと奏上した。九条兼実は「昔、平将門を征伐した時に住吉大明神が力を貸した証拠等もある。今またこの事件があったのは、神明がいまだ我が国を棄てていないためであろう。ただし無徳の世になったら、これも望みがたい」と書いている。一方、『吾妻鏡《あずまかがみ》』は二十七日の条に、伝え聞いたところによれば、義経が去る十六日に無事に阿波国に着いた、この日は住吉神の鏑が鳴った日である、などと記されている。源平の争乱における源氏の勝利の背後には、住吉の神の加護があったと信じられていたのである。これは「人と事件を通して」の「夢」で触れた、治承四年（一一八〇）の甲斐源氏の勝利の背後に諏訪大明神が存在したこと（一五五ページ）につながる。

文永十一年（一二七四）、弘安四年（一二八一）の元寇《げんこう》における神風は、日本人の神国意識をさらに高めた。

応永二十六年（一四一九）六月二十三日に伏見宮貞成《さだふさ》親王は、大唐国、南蛮、高麗などが日本に攻めて来ると、高麗より告げてきたため、将軍が仰天されたと耳にした。しかし親王は、「神国何事か有らん」と記している。この当時日本には神国だとの意識が強く存在したのである。

同年の六月に大唐が蜂起したとの沙汰があった時、出雲大社が震動し流血があり、西宮の荒戎宮《あらえびす》（兵庫県西宮市）が震動した。また軍兵数十騎が広田社（兵庫県西宮市）より出て東方へ行ったが、その中に女騎の武者一人が大将のようだった。神人《じにん》がこれを見て、狂気となったと社家より注進があったので、伯二位が馳せ下り実否を尋ねるという。これらは異国襲来に際しての瑞相であった。また二十四日夜に、八幡の若宮御前の鳥居が風も吹かないのに転倒した。将軍が参籠していた時分にささやきの橋が打ち砕けたので、ことに驚かれた。このため諸門跡諸寺に御祈禱を命じられた。

さらに親王は六月二十九日に、北野御霊が西方を飛び、御殿の戸を開いたと聞いた。唐人が襲来し、先陣の船一両艘とすでに合戦があったとか、大内氏の若党が両人大将として海上に行き、唐人を退治したが、それ以前に神軍の奇瑞があったと注進があった、なども耳にした。ちなみに、この年の七月の伊勢神宮の神様の動きについては「寺や神社の動き」の「飛んだ光」（八五ページ）で触れた。

八月七日に満済は天皇に呼ばれて御所に参り、異国の襲来についてのお祈りを八幡宮でするように命じられた。九州の少弐方《しょうに》よりの注進によれば、蒙古船の先陣五百余艘が対馬の津に押し寄せたので、少弐代宗右衛門以下七百騎が馳せ向って度々《たびたび》合戦し、六月二十六日には終日相戦って異国はことごとく打ち負け、敵兵は大略討ち死にし、あるいは召し捕えた。異国の大将を両人生け捕りにしたところ種々白状し、この五百余艘はことごとく高麗国のものであることがわかった。唐船二万余艘は六月六日に日本の地に着こうとしたが、その日に大風が吹いて唐船はことごとく帰り、過半が海に没したとの注進があった。この合戦の間には種々の奇瑞があった。たとえば安楽寺（京都市左京区）の御霊が御出座され、神馬《しんめ》の前足の跡があったという。満済が「この度、処々諸社怪異親しくこれを聞く」としているところを見ると、こうした意識が社会に蔓延していたのであろう。

元寇や応永の外寇を通して、日本人の間に神国意識が強まっていったことは間違いない。日本は神々によって守られており、神々は異国の神々と戦っているとされていたのである。

重層的な神意識

一方、藤原氏の春日神社や源氏の多田院のように氏族を守ってくれる神や先祖も存在した。各国では一宮《いちのみや》が国ごとの紐帯としての役割を持つと同時に、国とその住民を守る神とされた。地域の集落には地域の神があった。しかも、お寺も各地に存在し、仏による加護も期待された。

集落の入口には勧請縄《かんじょうなわ》や道祖神《どうそじん》などが置かれ、神の力によって守られていることが実感できた。集落には神社が高みから集落を守るように作られ、同じように寺があった。個人の家は何らかの形で周囲と隔絶したが、その際には四方に神のより来る木が植えられるなど、精神的に守ってもらう何かが存在した可能性が高い。あるいは敷地内に屋敷神が設けられた。

居館跡の中には大きな穴が存在することがあるが、それは墓の場合も多いという。もしそうならば、土地を先祖の霊によって確保し守ろうという意識があったのかも知れない。これは直接屋敷墓の意識につながろう。さらに、門が実態としてもまた精神的にも入口として存在し、家屋の入口にはお札などでさらに神の防御があった。家の中にも火の神などがそれぞれの機能に従って祀られていた。

このように、中世の人々は自分たちの住む場所を、神や仏、祖霊などによって二重、三重に防御してもらおうとしていた。逆に言うなら、そうして守ってもらわなければ不安だったのである。神仏に対する意識もそうした重層性の中にあり、守られる神や仏が多いほど安全だと考えていた。日本の神国意識は、国ごとの一宮、地域の神社、氏神など、小さな共同体や個人の家などに至るまで浸透していたのである。

視点を変えてみるならば、中世の人々にとっては頭の上にかぶさる天も、足下に広がる大地の中も、海や川の中も他界であった。その上、集落から外に出るとそこは精神的に他界につながった。他界からはさまざまな悪や穢れがもたらされ、災害が引き起こされるかも知れなかった。つまり、自分たちの住む世界は極めて不安定な、限られた範囲で、大海の中に浮かぶ船のようなものでしかなかったのである。だからこそ、中世の人々はあらゆる点に目を光らせ、神からのメッセージを見逃さず、陰陽師《おんみようじ》などの手を借りて変異の意味を知ろうとしたのである。

それではこうした中世は他の時代とどのように異なるのであろうか。ささやかな展望を述べて置きたい。

中世の特質

古代においてもさまざまな自然現象などが変異として意識され、その持つ意味を国家や個人が解き明かそうとしていたことは間違いない。しかしながら、当時の科学者ともいえる陰陽師や神主、僧侶は基本的には国家の独占するところであり、呪術師・占い師などの体系化もなされていなかった。神や仏をまつり接触することのできる場所である寺や神社も、一般民衆の間にまで身近な形で存在したわけではなかった。寺や神社は鎮護国家の意識のもとに国家統制されており、民衆のものにはなっていなかった。また民間の宗教者の数も中世と比較するとはるかに少なかった。

中世になると陰陽師や神主、僧侶などの宗教者は、朝廷のみならず、幕府、それに守護などのより小さい権力にまで組み込まれ、国家統制の枠から離れていった。民衆の間にも仏教などが浸透していった。この結果、社会の寺社に対する必要性に応じて、寺社そのものが大きな権力をも握った。いわば、民衆の間にまで宗教が広く行き渡っていたのが中世だったのである。これは、必然的にこの世のすべてを制しているのは神や仏だとの考え方につながり、自然の動きなどから神や仏の意識を知ろうとする動きとなった。本書で見た中世人の災害予兆の意識はまさにそれと対応する。

ところが近世になると、宗教は再び国家的支配のもとに組み込まれた。宗教者自体の数も中世の人口の中に宗教者が占めていたほどには多くはなくなった。これは、神や仏を絶対視する見方が減退したことを示す。中世には真剣に神や仏と接するために行われた社寺参詣も、近世では物見遊山とかわり、信仰心は背後に置かれている。近世の絵画において は自然はあるがままに、細かく観察されて描かれており、そこに神や仏を感じようとする意識はほとんどない。自然を何の偏見もなく見ることは、現代科学の発想法と同じであり、そこに神や仏以外の法則性を見いだすことになる。日本の近代化が一気に可能であったのは、すでに近世の社会が、西欧社会と同様の近代的なものの見方を受け入れる状態になっていたからである。

人間の心持ちは一度に大きく変化しにくい。本書の中でも触れたような動植物に対する諺《ことわざ》の存在、建物などの建築の前の地鎮祭、仏壇の前の装置など、われわれの生活の中にはまだまだ古代・中世の名残も重層的に残っている。特に災害の予兆などでは、こうした色彩が強く出てくるようである。ところが、近年こうした諺や俗信、動植物などに対して日本人が持ち伝えてきた意識が急激に変化している。それは過去のどの時代よりも大きな速度による転回のように私には思われる。ひょっとすると現在は、日本人が歴史上もっとも身の回りの自然などに対して目を向けなくなった時代なのかも知れない。そしてこれが本当に歴史の進展なのか、もう一度じっくり考えなければならない時に来ている。

あとがき

阪神・淡路大震災からすでに一年以上がたってしまった。この間に次々と起きた自然災害は、われわれがいやでも日常的に災害とつき合わなければならないことを、見せつけてくれた。同時に人間が自然の前で、いかに力がないものであるかも実感させられた。科学の進展とともに、ややもすれば人間の力を過大に評価し過ぎたきらいがあるだけに、自然に対し敬虔な気持ちを忘れることなく、改めて災害と対峙していかなくてはならない。

ところで、本書で見てきたような中世の人々の意識からすると、自然災害はより大きな災害の前触れ、人間社会の異常、特に兵革などが起きる予兆ということにでもなろうか。大震災の後のオウム真理教の事件は、まさしく兵革、民が安んじることのない事件に当たるものであった。

重ねて中世の人々の意識に戻るならば、災害は治世者が良い政治を行うようにと神がメッセージをこめて引き起こすものであり、徳のある政治を行うことによって災いが消えるのである。ひるがえって現代の政治情勢等を見ると、はたして徳のある政治は行われているのであろうか。阪神・淡路大震災については、政府のしっかりした対応がなされないまま被害者の負担だけが目立つ。それにもかかわらず住宅金融専門会社問題では、圧倒的多くの世論を無視した形で処理がなされた。いつでも損害を被るのは民衆だけである。総選挙も行わないで（もっとも選ぶにたる候補者もいないが）、民意を無視して政治がなされている現状は、中世の統治者たちの意識からしてもひどいといえよう。中世ならば、このような状態だからこそ天が怒って災害になるのであるが、現状で災害が起きれば、政府の対応はいったいどのようになるのか、重ねての混乱が危惧される。

オウム真理教などの宗教に走らねばならない若者たちが何ゆえに多いのか、自殺する子供たちがなぜこんなにも多いのか、こうした社会不安を一掃する努力はなされていない。本来社会をリードするはずの政治家の現状に満足する人はほとんどおらず、社会の不正がまかり通っている状況で、こうした問題に対応できるはずがなく、これらは人災である。それだけに、われわれは現状を直視し、きちんと対応していかねばならない。政治家も官僚も当てにならないとするならば、いったいどのようにしたら良いのか。残念ながら私には具体策がないが、次の時代の子供たちによりよい未来を提供できるように、みんなで英知を絞っていくべき時に来ている。

これまでわれわれは便利さを追求し、何が不足かだけを考えてきた。人類がこのままの形で地球上に繁栄していけば、すべての資源を食いつくし、地球そのものの破滅につながる。そろそろ人類全体として、従来のように何を得るかという視点のみで生きるのでなく、何を我慢していくかを、国家の枠組みを越えて考えていくべき時に来ている。中世の人々にとってこの世は狭いものであった。現代人にとってこの世は中世の人達からするとはるかに広いものである。地球上どこでも飛行機や電話等でつなげられるようになって、人間の行動範囲は飛躍的に広がった。一方で、酸性雨の問題、漁業問題などが国境を越えて生ずるようになり、いかにこの世が狭いものであるかがわかるようになった。広い宇宙の中からすると、地球は本当に点のような世界でしかない。科学的にいかに宇宙の成立が明らかにされようとも、それを管理し、運転することは不可能である。少なくとも宇宙はわれわれの手の届かないところで支配されている。

こうした中で、われわれはもう一度人間に無力さと、逆に人間が人間として何をなすべきかを思い悩む必要がある。その際、地球上において人間は決して地球の主でない事を自覚すべきである。日本の中世の人々が動植物や自然に寄せたように、すべてのものに対して恐れを抱かねばならない。彼らが持っていた周囲のすべてに神が宿るという意識は、人間を万物の霊長とするのとは異なり、すべてを受け入れ、共生することにつながる。そして、その意識は、この地球で人類が生きのびていく上に、重要なヒントを与えてくれているように思われる。

急激にすべてが変化している今だからこそ、近代化の中で失われていったものにも目を向け、人類の未来について考えていきたい。私の子供たちを含め、近頃妖怪や幽霊に興味を抱く子供や若者が多い。これはすべてが科学的にわかるのだとする近代が押し進めた思考への、子供たちなりの懐疑心から出ているのではないだろうか。その意味ではわれわれの気づかないところで、中世的な世界への回帰が始まっているのかも知れない。

遅々たる歩ではあっても、私も今後とも未来を意識しながら、われわれが失ってきた何かを見つめていきたい。

一九九六年七月

笹本正治

著者紹介

一九五一年、山梨県に生まれる

一九七四年、信州大学人文学部文学科卒業

一九七七年、名古屋大学大学院文学研究科博士課程前期課程終了

現在信州大学教授

主要著書

戦国大名と職人　中世的世界から近世的世界へ―場・音・人をめぐって―　戦国大名武田氏の研究　蛇抜・異人・木霊―歴史災害と伝承―　真継家と近世の鋳物師

歴史文化ライブラリー

3

中世の災害予兆

あの世からのメッセージ

一九九六年一一月一〇日　第一刷発行

著　者　笹《ささ》本《もと》正《しょう》治《じ》

発行者　吉　川　圭　三

発行所　株式会社　吉川弘文館

東京都文京区本郷七丁目二番八号

郵便番号一一三

電話〇三―三八一三―九一五一〈代表〉

振替口座〇〇一〇〇―五―二四四

印刷＝平文社　製本＝ナショナル製本

装幀＝山崎　登（日本デザインセンター）

歴史文化ライブラリー

1996.10

刊行のことば

現今の日本および国際社会は、さまざまな面で大変動の時代を迎えておりますが、近づきつつある二十一世紀は人類史の到達点として、物質的な繁栄のみならず文化や自然・社会環境を謳歌できる平和な社会でなければなりません。しかしながら高度成長・技術革新にともなう急激な変貌は「自己本位な刹那主義」の風潮を生みだし、先人が築いてきた歴史や文化に学ぶ余裕もなく、いまだ明るい人類の将来が展望できていないようにも見えます。このような状況を踏まえ、よりよい二十一世紀社会を築くために、人類誕生から現在に至る「人類の遺産・教訓」としてのあらゆる分野の歴史と文化を「歴史文化ライブラリー」として刊行することといたしました。

小社は、安政四年(一八五七)の創業以来、一貫して歴史学を中心とした専門出版社として書籍を刊行しつづけてまいりました。その経験を生かし、学問成果にもとづいた本叢書を刊行し社会的要請に応えて行きたいと考えております。

現代は、マスメディアが発達した高度情報化社会といわれますが、私どもはあくまでも活字を主体とした出版こそ、ものの本質を考える基礎と信じ、本叢書をとおして社会に訴えてまいりたいと思います。これから生まれでる一冊一冊が、それぞれの読者を知的冒険の旅へと誘い、希望に満ちた人類の未来を構築する糧となれば幸いです。

吉川弘文館

〈オンデマンド版〉
中世の災害予兆
あの世からのメッセージ

歴史文化ライブラリー
3

2017年（平成29）10月1日　発行

著　者　笹《ささ》本《もと》正《しよう》治《じ》
発行者　吉川道郎
発行所　株式会社　吉川弘文館
〒113-0033　東京都文京区本郷7丁目2番8号
TEL　03-3813-9151〈代表〉
URL　http://www.yoshikawa-k.co.jp/

印刷・製本　大日本印刷株式会社
装　幀　清水良洋・宮崎萌美

笹本正治（1951〜）

ISBN978-4-642-75403-3